Bernard Sesboüé

Compreender a Eucaristia

Paulinas

Dados Internacionais de Catalogação na Publicação (CIP)
(Câmara Brasileira do Livro, SP, Brasil)

Sesboüé, Bernard
  Compreender a eucaristia / Bernard Sesboüé ; tradução de Antonio Manzatto. – São Paulo : Paulinas, 2024.
  128 p. (Coleção Primícias)

  ISBN 978-65-5808-294-1
  Título original: Comprendre l´Eucharistie

  1. Eucaristia - Igreja Católica 2. Teologia I. Título II. Manzatto, Antonio

  24-2120   CDD 264.36

Índice para catálogo sistemático:
1. Eucaristia - Igreja Católica

Título original da obra: *Comprendre l'Eucharistie*
© Éditions Salvator, Paris, 2020, Yves Briend Éditeur S.A.

1ª edição – 2024

Direção-geral: *Ágda França*
Editores responsáveis: *Maria Goretti de Oliveira*
João Décio Passos
Tradução: *Antonio Manzatto*
Copidesque: *Mônica Elaine G. S. da Costa*
Coordenação de revisão: *Marina Mendonça*
Revisão: *Sandra Sinzato*
Gerente de produção: *Felício Calegaro Neto*
Produção de arte: *Elaine Alves*

Nenhuma parte desta obra poderá ser reproduzida ou transmitida por qualquer forma e/ou quaisquer meios (eletrônico ou mecânico, incluindo fotocópia e gravação) ou arquivada em qualquer sistema ou banco de dados sem permissão escrita da Editora. Direitos reservados.

Cadastre-se e receba nossas informações
paulinas.com.br
Telemarketing e SAC: 0800-7010081

Paulinas
Rua Dona Inácia Uchoa, 62
04110-020 – São Paulo – SP (Brasil)
(11) 2125-3500
editora@paulinas.com.br

© Pia Sociedade Filhas de São Paulo – São Paulo, 2024

Sumário

Introdução 5

Capítulo I | Eucaristia, sacramento do único sacrifício
de Jesus 9

    A Eucaristia é o sacrifício único de Jesus 9
    A Eucaristia é o maior dos sacramentos 10
    Sacrifício por seu conteúdo, sacramento por sua forma ... 11
    A significação humana da refeição 13
    Jesus, o pão de nossa comida e o vinho de nossa bebida ... 15

Capítulo II | A Eucaristia, memorial sacrificial
e sacramental da cruz 17

    O memorial em nossa vida pessoal e social 18
    A originalidade do memorial de Cristo 19
    O memorial da primeira Páscoa 21
    O memorial da Páscoa de Jesus 24

Capítulo III | A presença do Cristo na Eucaristia 27

    O testemunho comovente dos Padres da Igreja 28
    A passagem à Idade Média 34
    O desencontro medieval das expressões: corpo místico
        e corpo verdadeiro 38

A segunda Idade Média, Santo Tomás de Aquino 42
Os tempos modernos: da Reforma ao Concílio de Trento 45
A transubstanciação no Concílio de Trento 51
A renovação teológica do século XX 54
Presença física e presença sacramental... 59
Toda presença é espiritual 60

Capítulo IV | Eucaristia e Igreja: o sacramento do corpo 65

Capítulo V | A liturgia da Eucaristia 71

Capítulo VI | A presidência da Eucaristia 79
O testemunho da Escritura 79
A prática da Igreja antiga antes de Niceia: quem preside
   a Igreja preside também a Eucaristia 80
A presidência ministerial representa a presidência do Cristo 83
A forma cultual adotada é a imposição das mãos
   e a invocação do Espírito 84

Capítulo VII | O desenvolvimento do culto eucarístico
nas diferentes Igrejas 87
"Tomai e comei; tomai e bebei" 87
A adoração eucarística 89

Capítulo VIII | Rumo à reconciliação ecumênica 93

Capítulo IX | Retorno à Escritura: pequena catequese bíblica 101
As refeições nos Evangelhos 101
As quatro perícopes da celebração da Ceia 104
Reflexão sobre as palavras da instituição 115
A Eucaristia em Trôade (At 20,7-11) 124
Conclusões sobre os textos de Atos... 125

Referências bibliográficas... 127

Introdução

O mistério da Eucaristia está no coração da nossa fé. É um ponto capital na doutrina cristã e constitui o dado central de nosso culto. Ser católico não é ir à missa regularmente? Antigamente os estudantes do Curso Normal, com uma ironia benevolente, chamavam o grupo de estudantes católicos de "misseiros", ou seja, os que "vão à missa". É um modo de falar. A centralidade da Eucaristia também causa dificuldades. Porque, se a encarnação redentora de Jesus, reconhecido como o Cristo, Filho de Deus e Senhor, é a recapitulação de nossa fé, a Eucaristia se nos apresenta como uma recapitulação ao quadrado. É a recapitulação do nosso credo no momento mesmo em que nos voltamos ao acontecimento que funda nossa salvação.

Todo o mistério cristão está presente na Eucaristia. É importante, pois, desembaraçar os fios. Frequentemente se diz que o cristianismo é, antes de tudo, um acontecimento fundador, o de Jesus de Nazaré, morto e ressuscitado; esse acontecimento se tornou, na Igreja e por ela, uma instituição. Ora, a celebração da Eucaristia representa exatamente o momento e o lugar onde o acontecimento pascal de Jesus se faz instituição, ainda que permanecendo acontecimento pessoal de Jesus. Como sublinhou há tempos o Pe. de Lubac, "se a Igreja faz a Eucaristia, a Eucaristia faz a Igreja". Cada celebração eucarística tem por finalidade fazer da assembleia reunida o Corpo da Igreja, que é o Corpo de Cristo.

O objetivo deste livro é explicar essa dinâmica da Eucaristia, a fim de ajudar os cristãos que não são teólogos profissionais a melhor compreendê-la e, sobretudo, a melhor vivê-la.

Em um livro anterior[1] falei da Eucaristia seguindo a ordem da história, partindo dos testemunhos evangélicos, em particular das quatro narrativas da instituição feita por Jesus, e em seguida recolhendo os testemunhos comoventes do primeiro milênio. Em seguida foi necessário retomar os pontos-chave dos debates teológicos, primeiramente na Idade Média, com a primeira crise provocada pelo teólogo Berengário de Tours (1000-1088), depois a grande crise da Reforma, na qual a Eucaristia foi colocada no primeiro plano dos debates, e enfim a teologia moderna e contemporânea que nos permite melhor compreender os desafios do sacramento. Esse itinerário mostrou que a Eucaristia que celebramos hoje é bem fiel à sua instituição por Jesus, mas também que ela foi marcada pela aguda reflexão da Igreja em suas diferentes épocas. Tais desenvolvimentos, essencialmente positivos, também contribuíram para complicar um pouco o assunto, porque nem sempre conseguiam

---

[1] SESBOÜE, Bernard. *Invitation à croire*: des sacrements crédibles et désirables. Paris: Cerf, 2009, segundo tomo do livro *Croire*: Invitation à la foi chrétienne pour les femmes et les hommes du xxie siècle, Paris: Desclée de Brouwer, 1998, capítulo V, "L'Eucharistie, sommet des sacrements", 1. "Institution et histoire", e capítulo VI, "L'Eucharistie sommet des sacrements", 2. "Mémorial, sacrifice et sacrement ", p. 113-179.

manter o conjunto de todos os aspectos inscritos nessa celebração, que é a atualização do único sacrifício do Cristo e se torna, por isso, não somente o sacrifício da Igreja, mas também um sacramento, isto é, um sinal eficaz da graça, sob uma forma litúrgica que é seu memorial. A Eucaristia é o sacramento, perpetuamente celebrado pela Igreja, do acontecimento da morte e ressurreição de Jesus; celebração que torna vivo e presente o salvador de cada um de nós. Na última Ceia, Jesus disse: "Isto é meu Corpo", "Este é o cálice do meu sangue". Mas como compreender isso? No primeiro anúncio do mistério, no discurso sobre o pão da vida (Jo 6), Jesus não foi compreendido pelos habitantes de Cafarnaum. Ele disse de maneira simples e crua: "Quem come minha carne e bebe meu sangue tem a vida eterna, e eu o ressuscitarei no último dia, pois minha carne é verdadeira comida e meu sangue é verdadeira bebida" (Jo 6,54-55). Depois de tê-lo escutado, muitos de seus discípulos começaram a dizer: "Dura é esta palavra. Quem pode ouvi-la?" (Jo 6,60). Ou ainda: "Como pode este nos dar a comer sua carne?" (Jo 6,52). Essa questão demanda uma compreensão materialista e imediatista da Eucaristia. Claro que Jesus, estando vivo, não pode dar sua carne para comer sem que isso seja uma prática monstruosa, um delito de direito comum, caindo imediatamente sob as barras da justiça. Por que, então, continuar a escutá-lo? A questão dos habitantes de Cafarnaum é bastante equivocada e não corresponde à intenção de Jesus. Mas tal questão não é a mesma nossa de hoje? Seriamente, como Jesus pode nos dar seu corpo para comer e seu sangue para beber? Só pode ser por meio espiritual. Aquelas pessoas da narrativa evangélica haviam acabado de testemunhar a multiplicação dos pães. Tal sinal, que ultrapassa as possibilidades humanas, mas que é bem visível, não lhes deu nenhuma pista. Não nos assustemos, pois, que a verdadeira resposta seja complexa e não possa ser dada senão na fé.

É a essa verdadeira questão que este livro gostaria de trazer uma resposta. Uma resposta, ao mesmo tempo, fiel às insistentes palavras de Jesus, afirmando dar seu corpo como comida e seu sangue como bebida, e com a seriedade com a qual a Igreja sempre as tomou, recusando-se a vê-las como uma simples metáfora ou um sinal que permaneceria exterior ao seu conteúdo.

Enfim, terminaremos evocando e estudando os grandes textos do Novo Testamento sobre a Eucaristia, a fim de verificar se nossas explicações estão em linha direta com sua instituição por Jesus. É necessário sempre voltar à Escritura, "alma da teologia", segundo as palavras do Vaticano II, para nos apoiar, na nossa vida de fé, sobre os textos fundadores.

CAPÍTULO I
Eucaristia, sacramento do único sacrifício de Jesus

A Eucaristia é, a uma só vez, sacrifício e sacramento. Eis, para começo de conversa, dois termos religiosos e teológicos, carregados de história, e que precisam de um pouco de explicação, sem dúvida. O que é um sacrifício?

A Eucaristia é o sacrifício único de Jesus

O único sacrifício de Jesus, que orientou toda sua vida e aconteceu no ato de dar sua vida morrendo na cruz, é o sacrifício que ultrapassa todos aqueles da antiga Lei. É único porque só se morre uma vez e esse sacrifício recapitula tudo o que foi a vida desse homem enviado por Deus, o santo por excelência, que não tinha necessidade de reparação pelos próprios pecados. Por esse único sacrifício, Jesus mostra que ama seu Pai muito mais do que podem tê-lo desagradado todos os pecados da humanidade. A palavra "sacrifício" é percebida por nós, espontaneamente, de maneira negativa, sinônimo de privação e de sofrimento, enquanto a grande definição de sacrifício dada por Santo Agostinho diz simplesmente: "O verdadeiro sacrifício é toda boa obra que contribui para nos unir a Deus em uma santa união, a saber, toda obra orientada a esse bem supremo, graças ao qual podemos verdadeiramente ser felizes". A definição de Santo Agostinho não menciona o elemento negativo cujo aspecto é secundário: vem de nosso estado pecador, pelo qual o dom de si tem sempre uma característica onerosa. O sacrifício é, pois, um ato de dom de si, que é um ato de amor a Deus e ao próximo. Quando tal ato é total e definitivo, ele nos faz passar a Deus. A morte do Cristo foi sua Páscoa e sua passagem para a vida gloriosa em Deus. A isso somos convidados como para morrer em Cristo, unidos a seu único sacrifício.

A Eucaristia é o maior dos sacramentos

A palavra "sacramento" é de origem cristã. O termo *sacramentum* tornou-se em Tertuliano a tradução da palavra grega *mysterion*, que designava também os sacramentos. Tertuliano fez a transposição de um termo do direito romano. O *sacramentum* era o juramento sagrado que acompanhava um compromisso jurídico efetivo, ou o compromisso militar no qual o soldado fazia o seu juramento diante do imperador. Ele recebia nessa ocasião uma tatuagem que lhe servia de marca de identidade. Essa imagem será retomada a propósito do Batismo, que é o engajamento na milícia de Cristo e imprime caráter na alma. Esse caráter será afirmado por toda a patrística latina, em particular por Santo Agostinho, que vai lhe dar três sentidos que se comunicam mutuamente: em primeiro lugar, sacramento é todo rito religioso celebrado visivelmente. Depois, ele é o sacramento-símbolo, quer dizer que, por sua realização material entre pessoas que estão de acordo sobre o sentido daquilo que fazem, o beneficiário do sacramento vive algo importante que tem relação com sua identidade e com o sentido de sua existência. O terceiro sentido é o do sacramento-mistério: o Cristo é mistério ou sacramento pleno de Deus. Mas Agostinho ignora ainda o setenário, que será estabelecido apenas na Idade Média. Ele chama de sacramentos vários ritos da Igreja que não serão reconhecidos como tal.

Sacrifício por seu conteúdo, sacramento por sua forma

Permanece a questão da articulação entre os dois termos. Não são duas coisas distintas ou teoricamente separáveis. A Eucaristia não é por um lado ou em parte sacramento e por outro sacrifício. Ela é inteiramente sacrifício e inteiramente sacramento, mas sob dois modos diferentes. Ela é sacrifício em sua realidade mais profunda, porque ela é o ato pelo qual o padre ou o bispo obedece às palavras de Jesus e repete visivelmente em seu nome, isto é, em sua pessoa, o dom pelo qual Jesus partilhou o pão e o vinho com seus discípulos, e lhes disse: "Tomai, comei; isto é meu corpo". [...] "Bebei todos dele, pois isto é o sangue de minha aliança, que é derramado por muitos para o perdão dos pecados" (Mt 26,26-28). Lucas precisa que esse corpo "é dado por vós" (Lc 22,19). Esse gesto foi feito durante a última refeição entre Jesus e seus discípulos, que é uma refeição-testamento, na qual ele afirma o sentido de sua morte acontecida para a salvação de todos os que creem nele. "O pão que lhes dou para comer é o que será entregue por vocês amanhã na cruz, em remissão dos pecados da multidão, isto é, de todas as pessoas. O mesmo para o sangue que será derramado sobre essa mesma cruz."

Há uma semelhança simbólica entre esses dois dons, repetidos de formas diferentes, começando na partilha da refeição e depois na morte de cruz. Jesus estabelece uma ligação de identidade entre o pão e vinho partilhados e o corpo partido e o sangue derramado. A instituição da Ceia e a crucificação de Jesus encadeiam-se em uma sequência única de narração. Jesus, partilhando o pão e o vinho, se compromete nisso a ir até o fim em sua paixão. Ele encontra, ao mesmo tempo, um modo de partilhar os benefícios de sua morte e a promessa de sua ressurreição com todos os seus discípulos, mesmo Judas. Jesus coloca o ponto final em sua vida, realizada no amor do Pai e no serviço a seus irmãos, nesse dom de sua pessoa, simbolizado pelo pão e pelo vinho, dom que será realizado na cruz.

O Evangelho de João explicita o assunto contando outro gesto de Jesus, o do lava-pés, no qual Jesus lhes realiza o serviço do escravo, ao mesmo tempo em que lhes dá o mandamento de fazer o mesmo que ele realizou. Em ambos os casos ele diz: "Fazei isto em minha memória" (Lc 22,19) e "Compreendeis o que vos fiz? Vós me chamais de mestre e Senhor, e dizeis bem, pois eu o sou. Se eu, Senhor e mestre, vos lavei os pés, também vós deveis lavar os pés uns dos outros. Eu vos dei um exemplo para que, como eu vos fiz, também vós façais" (Jo 13,12-15).

Ora, João não narra a instituição da Eucaristia, mas seu Evangelho é tão explícito quanto possível sobre a intenção de Jesus de dar seu corpo como comida e seu sangue como bebida. E ele o fez em uma linguagem tão crua que seus ouvintes acreditavam em uma alimentação material de sua carne viva. Mas ele dá a maior solenidade ao gesto do lava-pés, resumo simbólico do serviço fraterno e mútuo, que os discípulos devem realizar entre si. Essa cena se coloca em situação de "homologia", isto é, de correspondência e de analogia com a instituição da Eucaristia nos sinóticos. Ela exprime a maneira pela qual Jesus é capaz de "ir até o fim" por seus discípulos. Podemos participar do mistério da morte e ressurreição de Jesus partilhando a Eucaristia, como também devemos servir nossos irmãos em todas as coisas.

A significação humana da refeição

A Eucaristia é o dom que Jesus, mestre da refeição, nos fez de seu corpo e de seu sangue para nos dar a vida. Mas qual ligação, digamos, existe entre a partilha de uma refeição e sua morte? Essa ligação é muito mais forte do que se pode pensar à primeira vista. Porque comer e beber são absolutamente necessários para nossa vida. A alimentação e a bebida são uma questão de vida ou morte. Para atender a isso, somos obrigados a trabalhar, o que governa todo o equilíbrio de nossa vida. Alimentar-se é um ato eminentemente social, cujo modelo é a refeição em família. Comer sozinho, apenas por necessidade, quando não se pode fazer diferente. Alimentamo-nos sempre em grupo, seja em família, na escola, no trabalho ou em férias, seja quando queremos celebrar uma festa.

A partilha é um elemento essencial da refeição, da mesma forma que o alimento é essencial para a manutenção da vida. Desde seu nascimento, a mãe de família alimenta o bebê. Mais tarde, ela se sente responsável, juntamente com o pai, pela alimentação de toda a família. À mesa há sempre quem organiza ou quem preparou a refeição para dar de comer. Quando um necessitado bate à nossa porta, nossa primeira preocupação é de lhe dar de comer e de beber, de cuidar dele apressadamente. É um dever radical, do qual não podemos fugir, se queremos, ainda que pouco, servir nosso irmão ou ajudá-lo a viver. Há na necessidade de alimentação e na partilha familiar ou amical da refeição algo que pertence à nossa condição humana, da maneira mais radical.

Assim não é espantoso que Jesus, que partilhou refeições com os discípulos por um longo tempo, que conhece nossa necessidade de comer e beber, e também nossa necessidade de partilhar as refeições, tenha escolhido a ocasião de uma refeição para tornar presente para os discípulos sua vontade de fazê-los viver; e de fazê-los viver de maneira definitiva, de lhes comunicar a vida eterna, isto é, a libertação de seus pecados e a partilha da vida divina. Ele escolheu uma imagem bem forte: a da vida que recebemos em nossa criação, para nos conduzir à vida eterna.

A refeição da Ceia é a última que ele partilha com seus discípulos, e quer ali fazer uma ceia pascal, uma refeição capaz de nos fazer passar com ele para Deus. Por essa refeição, ele se compromete até a morte e a ressurreição para nos dar a vida eterna. É assim que a Eucaristia se torna sacramento e passa pela ritualidade de refeição, para simbolizar nossa admissão à refeição eterna da vida gloriosa. É um sacrifício em sua realidade mais profunda, e se apresenta como uma refeição em sua modalidade concreta, da mesma forma que a representação da alimentação em uma festa continua a apresentar o que será a vida eterna. A Eucaristia é o único sacrifício do Cristo oferecido sobre a cruz, e toma sobre si a forma sacramental, para poder tornar-se contemporânea de todos os tempos.

Se a refeição alegre pode tornar-se uma festa, ela tem também um aspecto doloroso pelo trabalho que exige, não apenas em sua preparação imediata, mas também pela necessidade de ganhar o pão com o suor do rosto. Para Jesus, ele se tornará o trabalho particularmente pesado, que o impulsiona a se dar em alimento e que o conduz à morte, depois dos sofrimentos de sua paixão, para nos permitir de participar de sua refeição eterna.

Jesus, o pão de nossa comida e o vinho de nossa bebida

É por isso que Jesus quis ir além da simbólica da refeição. Ele é não apenas participante e mestre da refeição, já que recebe à sua mesa, mas ele ousa dizer que é também o alimento e a bebida. A simbologia da partilha vai até o fim de si mesma. Não se trata mais de partilhar o que é necessário para viver, mas sim de se dar a si mesmo como comida e de se deixar "digerir" espiritualmente pelo mestre da refeição, a fim de comungar com sua vida, com a vida do Reino eterno. "Isto é meu corpo entregue, isto é meu sangue derramado", isto é, que me tornam presente no momento mesmo do cumprimento de meu sacrifício e de minha passagem à ressurreição. Não temos de nos perguntar logo sobre como acontece isso, como se a Eucaristia pudesse entrar na rede de explicações de toda transformação da ordem humana. Veremos na sequência que tais explicações, por mais necessárias que sejam para uma fé que se quer inteligente, guardam sempre algo de decepcionante. Aqui não há nada de natural e nada de humano. Há apenas a onipotência do Deus criador e recriador. É um ato divino que nos ultrapassa inteiramente e que podemos apenas receber e crer no quadro da revelação de Deus em Jesus Cristo. Esse é o próprio cume dos sacramentos, em que o dom de Deus é Deus mesmo em pessoa.

CAPÍTULO II
A Eucaristia, memorial sacrificial e sacramental da cruz

É necessária uma palavra capaz de exprimir em sua unidade a Eucaristia como sacrifício e como sacramento. Essa palavra, de origem bíblica e usada primeiramente a propósito da Páscoa antiga, a Igreja primitiva a recebeu das palavras da narrativa da instituição: é a palavra *memorial*. A Igreja primitiva, os Padres da Igreja e os autores da primeira Idade Média frequentemente a retomaram a propósito da Eucaristia. Mas a grande escolástica do século XIII, que conhece o memorial, não mais se serviu dele como palavra-chave para permitir fazer a unidade do sacrifício e do sacramento. Na verdade, preferiu separar um do outro. Depois o memorial foi por demais esquecido na teologia moderna, ainda que se encontre em um bom lugar no Concílio de Trento. Essa palavra deve refazer a unidade do sacrifício e do sacramento na Eucaristia. A Eucaristia é um sacrifício porque ela é o memorial sacramental do único sacrifício da cruz; ademais, a palavra, nos recentes diálogos ecumênicos, serviu muito bem à reconciliação das Igrejas sobre esse importante ponto da fé.

O memorial em nossa vida pessoal e social

O que é um memorial? O termo designa atualmente muitas coisas, desde o monumento aos mortos, que presta homenagem às vítimas das duas guerras mundiais, até o Memorial religioso de Pascal, ou ainda o Memorial de Santa Helena, sobre Napoleão. Trata-se, em todos esses casos, de cuidar da memória de um personagem que marcou seu tempo, ou de um acontecimento que é evento fundador. Hoje se fala muito de uma celebração "memorial", que evoca tais pessoas ou acontecimentos.

Nossa memória pertence à nossa identidade. De um ente querido que envelhece e perde a memória, dizemos frequentemente "ele não é mais ele mesmo". Nosso grande problema é o de permanecer sempre presentes a nós mesmos através dos tempos. É guardar nossa identidade. É também para que nossos laços mais fortes, aqueles do amor ou da amizade, permaneçam vivos. "Lembre-se", dizem os esposos um ao outro. O mesmo acontece com a vida de uma nação ou de um povo. A memória nos permite manter presente o que é passado.

A originalidade do memorial de Cristo

O que vale para cada um de nós, para nossa história pessoal e coletiva, vale também para o acontecimento central de nossa salvação, que é o nascimento, a vida, a morte e a ressurreição do Cristo. Nossa fé tem um conteúdo principalmente histórico, pois ela anuncia a intervenção constante na nossa história do Deus três vezes santo. O memorial da paixão do Cristo, entretanto, é original com relação aos outros memoriais. Estes terminam na celebração da memória que querem fazer os herdeiros da pessoa em causa: reunião, discurso, minuto de silêncio etc. A pessoa lembrada não intervém em nada. Ora, o memorial da paixão do Cristo é, acima de tudo, um ato do Cristo mesmo; ele que toma a iniciativa e convida o grupo a se reunir na reprodução da liturgia de sua última refeição. O memorial da cruz, tornado presente na missa, não é uma reunião passiva: compreende a presença e a ação do autor da última refeição de Jesus, que é quem provoca a reunião do grupo. Ele se dá a todos para a salvação.

Jesus quis, instituindo a Eucaristia, tornar seu sacrifício presente e ativo de maneira universal, através do tempo e do espaço. A cruz, como acontecimento único, e ela só poderia ser assim, poderia cair no esquecimento, como acontece com todo evento histórico. Para ser o que ela devia ser, isto é, para atingir cada um dos seres humanos no presente de sua existência, a cruz tinha necessidade da Eucaristia, isto é, de um memorial que atualize sua presença e sua ação de salvação. Ela não poderia ser uma morte visivelmente repetida, pois a condição humana permite que se morra apenas uma vez. Jesus escolheu a via sacramental que reproduz sua última refeição, instituída por ele mesmo, como a outra face de sua morte e de sua ressurreição. Essa refeição é indefinidamente retomada em memorial até o fim do mundo.

É preciso, pois, compreender a relação entre Eucaristia e cruz. Ela não é em nada a "repetição" da cruz, pois o "uma vez por todas" não pode ser repetido. Ela também não é sua "renovação", pois isso suporia que a cruz "envelheceu" e precisa de um "rejuvenescimento". A Eucaristia é bem a "repetição" da Ceia. Mas a palavra repetição foi utilizada demais, por longo tempo, de maneira indiferente para uma e outra. E ainda pode ser assim em certos catecismos. Por longo tempo, como sequência ao catecismo dito do Concílio de Trento, o ensinamento católico comum falou de "reiteração" ou de "repetição" do sacrifício da cruz. Esta fórmula não é correta e agradecemos aos luteranos de terem chamado nossa atenção sobre esse erro de linguagem. Os termos adequados a serem empregados para dizer da ligação da Eucaristia com a cruz são "representar", no sentido forte de "tornar presente", ou "atualizar", pois na celebração da Eucaristia o único sacrifício do Cristo nos alcança em nossa atualidade, e isso de forma sacramental e mediante a utilização de certos sinais litúrgicos desejados por Jesus. As espécies separadas, o pão partido de um lado e o vinho derramado de outro, representam o corpo entregue e o sangue derramado. São símbolos verdadeiros: não se pode querer aí enxergar uma nova imolação. "Representação" é o termo empregado pelo Concílio de Trento.

> Por isso seria representado o sacrifício sangrento que devia acontecer uma vez por todas sobre a cruz. [...] Ele ofereceu a Deus

Pai seu corpo e seu sangue sob as espécies do pão e do vinho, e, sob tais símbolos (*symbolis*), os dá aos apóstolos.[1]

O termo "memorial" vale ao mesmo tempo para a Ceia e para a cruz, pois a celebração da Ceia foi a primeira celebração do memorial da Cruz. Jesus quis inscrever o memorial da Nova Aliança na tradição viva do memorial da primeira.

O memorial da primeira Páscoa

O livro do Êxodo nos dá uma descrição detalhada da celebração anual da festa da Páscoa, que é o memorial da libertação do povo judeu da servidão que vivia no Egito. A palavra é empregada com certa solenidade. Essa primeira Páscoa permanecerá o quadro no qual Jesus celebrará a própria Páscoa, a segunda Páscoa, que se tornou nossa própria Páscoa. Um grande destaque é colocado sobre os elementos da refeição, o carneiro e o pão sem fermento, que anunciam, à sua maneira, a originalidade nova e absoluta dos elementos da refeição da segunda Páscoa, o corpo e o sangue do Cristo. Essa grande cena deve ser tomada como a longa pedagogia que conduz à Páscoa de Jesus: o dia de alegria para Israel é também um dia de drama para os primogênitos dos egípcios.

> "No décimo deste mês, cada um tome para si um gado miúdo por família paterna, um gado miúdo por casa! [...] Será, para vós, um gado miúdo perfeito, macho de um ano. Dos cordeiros ou dos cabritos o tomareis. Será guardado por vós até o dia catorze deste mês. E, pela tarde, toda a reunião da comunidade de Israel

---

[1] CONCÍLIO DE TRENTO, 22ª sessão, ch. 1, *DzH* 1740.

o abaterá. Tomarão do sangue e o colocarão sobre as ombreiras e a verga, ou seja, sobre as casas nas quais o comem. Comerão a carne nesta noite, assada no fogo. Com ázimos e ervas amargas a comerão. Não comereis dela cozida em água fervida. Pelo contrário, assada no fogo; também sua cabeça, junto com suas pernas e suas vísceras. Nada deixareis restar dele até a manhã. O que, porém, dele tiver sobrado até a manhã queimareis no fogo. E assim o comereis: quadris cingidos, vossas sandálias em vossos pés e vossa vara em vossas mãos. Com pressa o comereis. Essa é uma Páscoa para o Senhor. Nessa noite, atravessarei a terra do Egito. Ferirei todo primogênito na terra do Egito, desde o ser humano até o animal. E realizarei julgamentos sobre todos os deuses do Egito. Eu sou o Senhor. E o sangue sobre as casas será um sinal para vós de que ali vós estais. Verei o sangue e passarei por vós. Não haverá praga danosa entre vós, quando eu ferir a terra do Egito. Este dia será um memorial para vós. E o celebrareis como uma celebração para o Senhor. Em vossas gerações, vós o celebrareis como prescrição perpétua. [...] Quando tiverdes entrado na terra que o Senhor, como falou, vos dará, cuidareis desse serviço. E, quando vossos filhos vos disserem: 'Que serviço é esse para vós?', direis: 'Esse é o sacrifício da Páscoa para o Senhor, o qual, no Egito, passou adiante das casas dos filhos de Israel. Ao golpear os egípcios, libertou nossas casas'." Então o povo se inclinou e se prostrou. Os filhos de Israel foram e fizeram o que o Senhor ordenara a Moisés e Aarão (Ex 12,22-28).

Tomamos este texto importante e solene porque fundador[2] do povo de Israel e que faz, doravante, parte da Aliança que liga o povo a Deus, seu Pai. O dia da libertação do Egito, o país da escravidão, é um dia de salvação. Ele é envolvido por um grande número de prescrições litúrgicas sobre a maneira de comer o cordeiro pascal e de se contentar com o pão sem fermento. As prescrições feitas para o dia da libertação deverão ser reproduzidas de geração em geração, em todos os aniversários desse dia bendito. As características da celebração e da refeição associam a ação de graças e a alegria da salvação dada por Deus às humildes condições e ao aspecto improvisado da partida em massa de um povo vivendo em condições precárias. Elas têm por objetivo fazer os futuros filhos de Israel reviverem as difíceis condições dessa partida: refeição feita em pé, em veste de viagem e com pressa. Longa obrigação durante toda a viagem de se contentar com pão sem fermento. Esse dia de libertação, fundador para o povo de Israel, é um dia de salvação que não apenas os liberta da escravidão, mas também os reúne sob a conduta de Moisés e Aarão para a terra prometida por Deus. Cada Israelita deve viver esse dia de festa como se fosse ele mesmo o beneficiário dessa libertação. Um dia assim não pode jamais ser esquecido, mas escrupulosamente celebrado através das gerações.

A primeira Páscoa foi, pois, o objeto, ela também, de uma passagem para o universal e devia acompanhar para sempre a vida do povo judeu. O que aconteceu uma vez tem valor perpétuo:

---

[2] Tomo esse texto em seu valor religioso e em razão do papel que desempenhou na história de Israel. Ele é certamente posterior à instalação de Israel na terra prometida e talvez retome elementos da festa rural dos pães ázimos, que se associa à libertação do Egito.

Bendito sejas, Senhor nosso Deus, Rei da terra, que deu ao povo de Israel esse tempo de festa para a alegria e para o memorial (*le-zikkaron*). Sabemos, comenta Max Thurian, que cada alimento da refeição tinha uma significação. Comendo-os os judeus podiam reviver "misticamente", *sacramentalmente*, os acontecimentos de libertação da saída do Egito. Eles se tornavam contemporâneos de seus pais, eram salvos com eles. Havia como que uma junção de dois tempos da história no mistério da refeição pascal, o presente e a saída do Egito. O acontecimento se tornava presente, ou cada um se tornava contemporâneo do acontecimento.[3]

Aqui estamos diante de uma espécie de antecipação sacramental. Há três tempos no memorial: o passado, o presente e o futuro; o passado é o acontecimento fundador, a saída do Egito; o presente é a celebração repetida a cada ano e que atualiza a presença "sacramental" daquela libertação; e o futuro é aquele da libertação definitiva prometida para o fim dos tempos.

O memorial da Páscoa de Jesus

Tudo o que acabou de ser dito dá o clima religioso e cultural da instituição da Eucaristia por Jesus. Ele celebrou a Ceia no contexto da Páscoa judaica. Ele ordena seus discípulos a repetirem isso, ou seja, de celebrar essa refeição em memória ou em memorial dele, isto é, em memória de sua morte e de sua ressurreição. O texto evangélico de Lucas retoma intencionalmente o equivalente grego

---

[3] THURIAN, Max. *L'Eucharistie, mémorial du Seigneur, sacrifice d'action de grâce et d'intercession*. Paris: Neuchâtel/Delachaux et Niestlé, 1959, p. 24-25.

do *zikkaron* hebraico (*anamnèsis*). O evento único e não repetível será tornado presente no tempo e no espaço, sob a forma de uma celebração sacramental. O evento central de nossa salvação permanece assim presente na história, até o retorno do Cristo. Como o mistério de sua morte e ressurreição constitui o sacrifício do Cristo, ou seja, o dom de si mesmo "até o fim" a seu Pai e seus irmãos, a Eucaristia é sacrifício enquanto é o memorial sacramental do único sacrifício da cruz.

A transposição do memorial da antiga à Nova Aliança recebe um sentido infinitamente mais forte pelo "fazei isto em minha memória". Há algo mais radical na Eucaristia em relação à antiga Páscoa pelo fato da encarnação e da vida de Jesus, até sua morte. Os símbolos expressos na Páscoa antiga tornam-se agora expressão da realidade: Jesus se dá ele mesmo a nós, pela mediação de seu corpo e de seu sangue.

Como para a Páscoa antiga, as três instâncias do tempo estão presentes na Eucaristia: o passado é o mistério pascal da morte e da ressurreição do Cristo; o presente é a celebração atual da Eucaristia, repetição da Ceia; e a terceira, o futuro, será o retorno do Cristo em sua glória, o que é mencionado nas orações eucarísticas – "enquanto esperamos sua nova vinda" (oração III); "esperando sua vinda gloriosa" (oração IV). A Eucaristia é profecia de futuro. Ela é, paradoxalmente, o memorial de um evento que ainda não terminou. Ela nos volta para o fim dos tempos. Ela se celebra até o retorno do Cristo, o dia da parusia, quando ela será o banquete eterno.

No próximo capítulo tentaremos precisar a modalidade exata da presença de Jesus na Eucaristia. Mas não podemos jamais esquecer, para nossa vida pessoal, que a resposta que devemos dar, em uma prece de ação de graças, à presença do Cristo para nós, é infinitamente mais importante.

CAPÍTULO III

A presença do Cristo na Eucaristia

As quatro versões que temos da instituição da Eucaristia no Novo Testamento dizem: "Isto é meu corpo; este é o cálice do meu sangue". Esse anúncio é imediatamente seguido da partilha do pão e do vinho entre Jesus e seus discípulos. As duas narrações, de Lucas e de Paulo, trazem o convite formal para refazer na Igreja o que Jesus fez por ela. A Igreja fez, rapidamente, dessa refeição eucarística a liturgia solene e primeira de seu culto, na plena certeza da verdade dessas palavras. Tudo isso mostra que ela não tomou as palavras de Jesus em um sentido simplesmente metafórico, como uma comparação significante. Jesus disse uma palavra de identidade entre o pão que tinha entre suas mãos e o próprio corpo. Igualmente para o cálice de vinho e seu próprio sangue. Tais palavras merecem ser tomadas bem a sério, mesmo se parecem afirmar uma coisa impossível à primeira vista e que, por isso, pedem para ser bem compreendidas.

Tomemos primeiramente o testemunho da Igreja primitiva e da Igreja antiga, nas quais a fé se exprime de maneira espontânea e sem o cuidado de colocar o problema do como haveria a transformação das espécies no corpo e no sangue do Cristo. A palavra do Senhor, selada por sua morte e ressurreição, proclamada no final de uma existência de grande santidade, era suficiente para satisfazer a curiosidade dos crentes.

O testemunho comovente dos Padres da Igreja

Justino, sem dúvida um leigo, um dos primeiros Padres da Igreja, chamado pela tradição "filósofo e mártir", apresenta, na metade do século II, a Eucaristia cristã aos pagãos de seu tempo. Ele se atarda em particular sobre a Eucaristia. Seguem alguns textos bem antigos que testemunham ao mesmo tempo a alegria e a fé:

> Nós chamamos este alimento "Eucaristia"; ninguém pode participar se não crê verdadeiramente nos ensinamentos, se não recebeu o banho para a renúncia aos pecados e em vista da regeneração e se não vive como o Cristo nos ordenou. Porque não tomamos esse alimento como um pão comum ou como uma bebida qualquer; mas, como se fez carne pela Palavra de Deus, Jesus Cristo, nosso salvador, teve carne e sangue para nossa salvação, assim cremos que ela é carne e sangue de Jesus encarnado, o alimento tornado eucarístico pela palavra de súplica vinda daquele por quem nosso sangue e nossa carne são alimentados por assimilação. Os apóstolos, com efeito, em suas memórias chamadas Evangelhos, nos contam que Jesus lhes ordenou isso: "Façam isso em memória de mim; isto é meu corpo". Do mesmo

modo ele tomou o cálice e, tendo dado graças, lhes disse: "Isto é meu sangue". E os deu apenas a eles.[1]

O alimento é *reservado* aos cristãos batizados que vivem da fé em Cristo e obedecem a seus mandamentos. A Eucaristia é situada aqui no prolongamento da encarnação. É porque o Verbo de Deus se fez carne e sangue para tornar-se humano como nós que ele pode, assim, nos dar sua carne e seu sangue como alimento de vida. O mandamento da repetição institucional é claramente lembrado. A Igreja não se permitiria celebrar a Eucaristia se o Senhor não houvesse lhe dado a ordem. A lembrança da celebração da Ceia por Jesus é então trazida como referência. Justino não se coloca nenhuma questão sobre o como da Eucaristia. É um mistério, como aquele da encarnação, que podemos apenas receber na fé. Em outro texto Justino descreve todas as fases da celebração da Eucaristia, que se parece muito com a celebração da missa de agora, depois do Vaticano II. Ele insiste sobre a ligação entre a participação na Eucaristia e a partilha dos bens de cada um com os que são pobres.

Uma geração separa Irineu de Justino. Originário de Esmirna e feito bispo de Lyon no final do século II, Irineu pensa combater o conjunto dos gnósticos, esses primeiros heréticos que não admitiam a encarnação do Cristo e, evidentemente, sua consequência imediata na Eucaristia. Eles pretendiam celebrar a Eucaristia com água. É o porquê de o bispo sublinhar fortemente a ligação entre as espécies eucarísticas e a criação, de onde são recolhidas e da qual fazemos parte igualmente.

---

[1] JUSTINO, *Primeira apologia*, cap. 66.

Da mesma forma que o pão que vem da terra, depois de ter recebido a invocação de Deus, não é mais pão ordinário, mas Eucaristia, constituída de duas coisas, uma terrestre e outra celeste, assim também nossos corpos que participam da Eucaristia não são mais corrompidos, pois têm a esperança da ressurreição[2].

Se, pois, o cálice onde o vinho foi misturado e o pão que foi feito recebem a Palavra de Deus e tornam-se Eucaristia, isto é, o corpo e o sangue do Cristo, e se por eles se fortifica e se firma a substância de nossa carne, eles não podem dizer que a carne é incapaz de receber o dom de Deus que consiste na vida eterna, já que ela é alimentada pelo corpo e pelo sangue de Cristo e se torna seu membro, como diz o bem-aventurado apóstolo em sua epístola aos Efésios: "Nós somos membros de seu corpo, formados de sua carne e de seus ossos" (Ef 5,30).[3]

A Eucaristia não é, portanto, um alimento simplesmente humano, mas ela é realizada pela onipotência da Palavra de Deus e comporta, assim, um elemento propriamente divino. Irineu não é claro sobre a fórmula das palavras consecratórias. Trata-se de uma intervenção divina, que permite a quem a usa de "fortificar a substância de nossa própria carne e de fazer parte da promessa da ressurreição".

Um ponto novo aparece discretamente e será retomado por toda a patrística para ser, infelizmente, esquecido no segundo milênio. O dom da Eucaristia não termina na salvação de cada

---

[2] IRINEU, *Contra as heresias*, IV.18,4.
[3] Ibid., V. 2,3.

cristão em particular. Seu fim último não é a "Presença real" do Cristo nas espécies, mas a comunhão estabelecida entre todos os participantes; comunhão que forma o conjunto dos cristãos como Igreja, e que é proposto a toda a humanidade para formar um só corpo, o corpo do Cristo. O que chamamos de "Presença real" é um meio que deve possibilitar a comunhão em um só corpo, o corpo da Igreja, que é o corpo do Cristo. Essa afirmação de Irineu explica o fato da comunhão; afirmação que tem por base a citação de São Paulo (Ef 5,30). Nós a reencontraremos.

Passamos ao século IV:

> Essa instrução do bem-aventurado Paulo é suficiente para vos dar plena certeza sobre os divinos mistérios, dos quais fostes julgados dignos, tornados assim um só corpo e um só sangue com Jesus Cristo. [...] Quando ele mesmo declarou dizendo do pão: "Isto é meu corpo", quem poderá hesitar agora? E quando ele mesmo afirma categoricamente dizendo: "Isto é meu sangue", quem duvidará e dirá que não é seu sangue? [...] É, portanto, com segurança absoluta que participamos de certa maneira do corpo e do sangue do Cristo. Pois sob a figura do pão, te é dado o corpo, e sob a figura do vinho, te é dado o sangue, a fim de que te tornes, tendo participado do corpo e do sangue do Cristo, um só corpo e um só sangue com o Cristo. Assim nos tornamos portadores do Cristo, seu corpo e seu sangue se espalham por nossos membros. Dessa maneira, segundo o bem-aventurado Pedro, nos tornamos participantes da natureza divina (2Pe 1,4). [...] Não se prenda aos elementos naturais, ao pão e ao vinho, pois eles são, segundo a declaração do Mestre, corpo e sangue. É verdade que é o que te sugerem os sentidos, mas tua fé te dá

segurança. Nisso, não julgues segundo o gosto, mas pela fé tenha plena certeza, tu que foste julgado digno do corpo e do sangue do Cristo.[4]

Cirilo de Jerusalém não prova a presença do Cristo na Eucaristia senão a partir das palavras de Jesus nas narrativas da instituição. Tais palavras se impõem e devem bastar para fundar nossa fé de que nos tornamos com ele um só corpo e um só sangue. Mas tal fé não para na presença de Jesus nas espécies, pois elas significam nossa entrada no corpo de Jesus. As espécies eucarísticas exercem uma mediação, pois, quando as recebemos, é que nos tornamos participantes do corpo de Cristo.

> Quando, pois, tu te aproximas, não avance com a palma das mãos estendidas, nem os dedos separados; mas faze de tua mão esquerda um trono para tua mão direita, pois ela deve receber o rei e, no aconchego de tua mão, recebe o corpo do Cristo, dizendo: "Amém!". Com cuidado, então, santifica teus olhos pelo contato do santo Corpo, depois o toma e cuida para nada perder.[5]

Este último texto é emocionante, pois nos mostra que os fiéis do século IV em Jerusalém podiam comungar nas mãos, respeitando perfeitamente o corpo de Cristo. A essa prática antiga, a Igreja voltou há pouco mais de cinquenta anos, com a intenção de renovar o contato de seu culto com as liturgias primitivas.

Vamos agora aos testemunhos de Agostinho, particularmente líricos na matéria; testemunhos que dão peso à dupla afirmação da

---

[4] CIRILO DE JERUSALÉM, *IV catéchèse mystagogique*, SC 120, p. 135s.

[5] Id., *V catéchèse mystagogique*, SC 120, p. 155s.

presença do Cristo nas espécies e da constituição, pela Eucaristia, do único corpo do Cristo:

> Porque ele sofreu por nós, confia-nos nesse sacramento seu corpo e seu sangue: isso mesmo ele faz também de nós. Nós nos tornamos seu corpo, e, por sua misericórdia, o que recebemos, nós o somos. Lembrai-vos, nem sempre o fostes; fostes assim criados. [...] Assim como vedes a unidade no que é feito por vós, conservai essa unidade em vos amando, permanecendo ligados à mesma fé, à mesma esperança, à indivisível caridade. [...] Vós estais aqui sobre a mesa, vós estais aqui no cálice; vós estais conosco, pois nós juntos comemos este pão, juntos bebemos este vinho, para que vivamos uma vida em comum.[6]

Não apenas o Cristo nos confiou seu corpo e seu sangue pela virtude de seus sofrimentos, mas ainda fez de nós seu corpo e seu sangue. Agostinho leva o paradoxo a seu termo: "Aquilo mesmo que recebemos, nós o somos". Formamos um só corpo, e Agostinho sublinha esse mistério de unidade que é preciso reencontrar no corpo eclesial, habitado pela mesma fé, mesma esperança e mesma caridade.

Porque o sacrifício, em sua totalidade, somos nós, o apóstolo prossegue: "[...] Somos um só corpo no Cristo e cada um em particular é membro uns dos outros, possuindo dons diferentes segundo a graça que nos foi dada" (Rm 12,3). Tal é o sacrifício dos cristãos: sendo muitos, não ser senão um só corpo no Cristo. E esse sacrifício a Igreja não cessa de celebrar no sacramento do

---

[6] AGOSTINHO, Sermão 229, PL 38, 1103, trad. corrigido.

altar, conhecido dos fiéis, onde lhes é mostrado que, naquilo que ela oferece, ela é oferecida.[7]

O fruto do sacrifício do Cristo faz de nós todos um único sacrifício. "Tal é o sacrifício dos cristãos: sendo muitos, não ser senão um só corpo no Cristo." Em Agostinho, sacrifício e sacramento são um só: o sacramento tendo por fim nos fazer partilhar o único sacrifício do Cristo em nos tornando seu corpo. Assim, a Igreja antiga reconhecia a unidade do sacrifício da cruz e da Eucaristia. O sacramento, saído do sacrifício, conduz a humanidade a se oferecer em sacrifício, unida ao sacrifício do Cristo.

A passagem à Idade Média

A ideia-chave dos autores da primeira Idade Média foi sempre a de compreender a Eucaristia à luz das palavras de Paulo: "O cálice da bênção que abençoamos não é comunhão do sangue do Cristo? O pão que partimos não é comunhão do corpo do Cristo? Porque, sendo um pão, somos um corpo, embora muitos, pois todos participamos de um só pão" (1Cor 10,16-17). Neste texto, a comunhão do corpo eucarístico do Cristo é uma mediação para a construção do corpo do Cristo total, isto é, a Igreja. O fim da afirmação conduz ao corpo eclesial. As reflexões desses primeiros autores medievais buscam organizar tais afirmações e se interrogar sobre o "como" daquilo que vai se chamar rapidamente "Presença real". Essa preocupação vai se tornar a fonte de difíceis debates.

---

[7] Id., *A Cidade de Deus*, X, 6. NBA p. 559-560.

Eles constatam, primeiramente, que existem três modalidades de expressão e de realidade do corpo de Cristo, ou três formas de corpo do Cristo (*corpus* triforme): o corpo histórico de Jesus, isto é, o corpo físico do Jesus pré-pascal, nascido da Virgem Maria, morto sobre a cruz e que agora é ressuscitado. O corpo eucarístico do Cristo, corpo sacramental cujo modo de ser é original com relação ao corpo histórico, e que não se identifica imediatamente com ele. Sobre isso, nessa época se falará do *corpo místico*. Enfim, o corpo eclesial do Cristo, aquele do Cristo total, que é feito de todos que participam do mesmo pão. Esse corpo é chamado de *corpo verdadeiro*, pois a construção desse corpo eclesial, sendo o fim e o objetivo de toda a economia da salvação, é por ele que Cristo tomou um corpo físico na encarnação, é em vista dele que ele deu seu corpo sob a forma sacramental. Tais distinções mostram que os autores medievais se interessam ao "como" da presença do Cristo na Eucaristia. Como é possível e como podemos representá-la de forma racional? Eles tentam responder à questão dos Cafarnaítas, mas de outra maneira. E vão encontrar algumas dificuldades. Como caracterizar os atributos dos três corpos, de maneira que não se multiplique o único corpo de Cristo? Nisso reside um problema propriamente filosófico, que será reconhecido por Santo Tomás, mas que é tratado na época por representações imaginárias que criam uma grande confusão.

É Amalário, bispo de Trèves em 811 e falecido por volta de 850, que será o teórico sistemático de tais distinções, as quais serão asperamente debatidas. Em tais distinções, aproxima-se a unidade, sempre confessada, da unicidade desse corpo, desde São Paulo. Sua interpretação dá margem a discussões: Pascásio Radbert (786-865), abade de Corbie, retoma a distinção, mas de maneira muito diferente daquela de Amalário, em seu livro datado de 831, sobre o corpo e o sangue do Senhor, o qual alcançou grande sucesso. Ele desenvolve uma teologia da Eucaristia muito realista, que influenciará decisivamente toda a problemática medieval e, depois, tridentina. O corpo eucarístico do Cristo é o corpo nascido de Maria, e a Eucaristia é, de alguma maneira, assimilada à encarnação. Existe apenas um corpo de Cristo, seu corpo histórico. É a carne física do Cristo que está "escondida" sob as aparências do pão e do vinho. A transformação eucarística é de ordem física. Se fosse tirado o véu que as esconde, a carne e o sangue de Cristo apareceriam em seu estado normal. Pascásio Radbert cita com frequência os milagres da Eucaristia, nos quais esse véu é retirado e onde se pode ver o corpo de Jesus trazido às dimensões da hóstia. É o corpo do Cristo que, no mecanismo da digestão, se transforma em carne e em sangue do fiel. Isso é preciso para que a carne do Cristo se torne transformadora de nossa própria carne: "Mas como é proibido devorar o Cristo com os dentes, ele quis que, nesse mistério, o pão e o vinho sejam verdadeiramente criados carne e sangue do Cristo pela consagração do Espírito Santo" (PL 1277 cd.).

Tal doutrina causará espanto, mas terá autoridade. Se ela tem razão de afirmar a unicidade do corpo do Cristo, ela também é duplamente excessiva:

  a) Apesar de algumas fórmulas, ela não leva em conta a ressurreição do Cristo; ora, a presença eucarística é a do Ressuscitado. Radbert vê na Eucaristia dois aspectos: o sensível e o espiritual; o exterior e o interior; a figura, modo sensível de aparição do espiritual, e a verdade. Ele afirma, entretanto, um modo de ser espiritual do corpo e do sangue do Cristo, mas sem ser capaz de articular as coisas.

b) Por outro lado, a dimensão sacramental (a definição de sacramento que ele usa é emprestada de Isidoro de Sevilha) é reduzida ao mínimo: sua realidade é escondida sob um aspecto visível (a *figura* ou a *species* em oposição à *veritas*).

Ratramo é outro monge do mesmo mosteiro, contemporâneo e discípulo do precedente, e que reage às teorias de seu confrade respondendo à questão de Carlos, o Calvo: "A alimentação do corpo e do sangue do Cristo na Eucaristia se faz em mistério ou de verdade?". Observemos o erro de tal oposição, que supõe que a presença sacramental é inferior à verdade. É preciso dizer o contrário: a Eucaristia é recebida em verdade porque ela é recebida no mistério sacramental. Ratramo acusa Radbert de destruir na Eucaristia a existência de uma *figura* ou de um *mysterium*, e de afirmar a unidade do corpo eucarístico do Cristo e de seu corpo histórico. "O pensamento de Ratramo depende de Agostinho, enquanto o de Radbert, não."[8] Seu tratado sobre a Eucaristia, escrito segundo uma concepção bem realista, exerceu certa influência sobre a Idade Média, e mesmo depois. Algumas de suas fórmulas podem nos fazer pensar em nossos velhos catecismos. O debate entre Radbert e Ratramo, se houve, não prosseguiu.

Mas a dificuldade permanece. Paulo não fala de um só corpo de Cristo? Não dizemos que na Eucaristia está o corpo verdadeiro,

---

[8] MAZZA, Enrico. *L'action eucharistique*: origine, développement, interprétation. Paris: Cerf, 1999, p. 202.

nascido da Virgem Maria (cf. *Ave verum corpus natum de Maria Virgine*)? O problema é ter de dar conta, ao mesmo tempo, da distinção e da unidade entre essas três "modalidades" do único corpo de Cristo. O sentido dessa trilogia é o de sublinhar a organicidade do mistério que vai da encarnação à salvação de toda a Igreja (e, nela, de toda a humanidade), via celebração eucarística. Ainda não se fala de "Presença real", porque não está resolvida a questão da presença propriamente sacramental.

O desencontro medieval das expressões: corpo místico e corpo verdadeiro

Por outro lado, a Idade Média é o teatro de um desencontro entre duas séries de expressões. Tal desencontro terá um sentido teológico importante para a evolução da compreensão do mistério eucarístico.

No início da Idade Média, vimos em certas citações, é expressão corrente chamar a Eucaristia o *corpo místico* do Cristo. Pe. de Lubac cita numerosos exemplos. O termo "comunhão" não designa apenas a recepção do corpo eucarístico do Cristo por cada um, mas também a comunhão de todos na Igreja no único corpo de Cristo. É também o sentido da comunhão dos santos. Dito de outra forma, o centro de gravidade do mistério eucarístico se situa no lugar que ocupa no corpo eclesial da Igreja.

O que significa a expressão "corpo místico" a propósito da Eucaristia? De um lado, corpo *escondido* e, de outro, corpo *transcendente* e *divino*. Fala-se mesmo do *sangue místico*. Imediatamente, a expressão quer dizer *in mysterio*, isto é, no mistério. É o mistério do Cristo que se transforma em "carne mística" (*caro mystica*), alimento místico, eulogia (*bênção*) mística ou ainda liturgia mística, sacrifício místico, misticamente imolado, hóstia mística. Na ideia de realidade escondida, há o segredo. Conhecemos a equivalência entre *mysterion* em grego e *sacramentum* em latim. No fundo, corpo místico quer dizer corpo sacramental no sentido antigo (corpo sagrado, corpo secreto). A propósito destas duas palavras, Alger de Liége se exprime assim: "Sacramento e mistério diferem nisso, que o sacramento é o sinal visível que significa algo, enquanto mistério é a coisa escondida, significada por ele".

Estamos bem perto do sentido preciso que tomará mais tarde o termo "sacramento". Atrás dessas expressões, leva-se em conta progressivamente a originalidade da ordem sacramental enquanto tal e de uma presença sacramental, isto é, *in signo*, ou de uma presença mediante os sinais simbólicos do pão e do vinho.

Durante a Idade Média, a Eucaristia é cada vez mais chamada *verum corpus Christi*, o corpo verdadeiro do Cristo. Experimenta-se a necessidade de sublinhar cada vez mais a verdade do corpo sacramental do Cristo, porque se estima que a expressão de corpo místico é muito rebuscada e não suficientemente clara; mas ela pode ser suficiente para exprimir o corpo eclesial do Cristo, como vasta realidade de contornos fluidos. O corpo "místico do Cristo", isto é, a Igreja, torna-se assim secundária, para não dizer acessória, na consideração da Eucaristia. Encontramos expressões que sublinham essa preocupação: *Ipsum corpus, proprium corpus, ipsum proprium corpus, unum idemque corpus, semper indipsum, ipsemet non aliud*. Se se distingue sempre o corpo sacramental do corpo nascido da Virgem Maria, identifica-se muito mais o corpo ressuscitado, glorioso e celeste do Cristo com o corpo sacramental.

Os debates da época sobre a presença do Cristo na Eucaristia explicam o que se pode chamar de uma forma de "fixação" no assunto, em particular a polêmica em torno de Berengário de Tours (por volta de 1000-1088). Não se sabe muito bem o que foi sua doutrina, e uma profissão de fé "ortodoxa" lhe foi imposta por duas vezes.

> Eu, Berengário, [...] anatematizo toda heresia, em particular aquela da qual sou acusado aqui: ela ousa afirmar que o pão e o vinho que são colocados sobre o altar depois da consagração são apenas um sacramento, e não o verdadeiro corpo e o verdadeiro sangue de Nosso Senhor Jesus Cristo, que não podem ser tomados pelas mãos dos padres ou mastigados pelos dentes dos fiéis de maneira sensível, mas apenas no sacramento. Estou de acordo com a Igreja romana e com a Sé apostólica, e confesso com a boca e de coração sobre a mesa do Senhor [...]: a saber, que o pão e o vinho que são colocados sobre o altar, depois da consagração, não são apenas um sacramento, mas igualmente o verdadeiro corpo e o verdadeiro sangue de nosso Senhor Jesus Cristo, que são tocados e partidos pelos padres e mastigados pelos dentes dos fiéis, de maneira sensível, não apenas no sacramento, mas em verdade.[9]

Essa primeira confissão não seria correta atualmente, porque comporta um erro materialista e fisicista que pretenderia que percebêssemos o sacramento eucarístico pelos sentidos, o que é impossível, segundo o próprio Santo Tomás.[10] Ela ainda opõe

---

[9] Primeira profissão de fé imposta a Berengário de Tours, em 1059, *DzH* 690.
[10] É também o que supõem os milagres eucarísticos muito apreciados na Idade Média.

sacramento e verdade, sem dúvida por analogia com os outros sacramentos que não contêm uma "Presença real". O termo teológico de sacramento não foi ainda elaborado com precisão. Parece a eles ser insuficiente para exprimir a Presença real do Cristo na Eucaristia; no entanto, a "Presença real" é sempre uma presença sacramental. Mas Berengário será convidado a assinar outra profissão de fé:

> Eu, Berengário, creio de coração e confesso com a boca que o pão e o vinho que estão sobre o altar são, pelo mistério da santa oração e pelas palavras de nosso Redentor, transformadas substancialmente (*substantialiter converti*) na carne verdadeira, própria e vivificante, e no sangue de nosso Senhor Jesus Cristo, que nasceu da Virgem, que, oferecido pela salvação do mundo, foi suspenso na cruz, que está sentado à direita do Pai, assim como o verdadeiro sangue de Jesus Cristo que jorrou de seu lado aberto, não apenas de maneira figurativa e pela virtude do sacramento (*per signum et virtutem sacramenti*), mas em sua natureza própria e na verdade da substância.[11]

Esta profissão de fé é incontestavelmente melhor que a precedente, pois situa a presença no nível da *substância*, e não dos atributos sensíveis. Não estamos longe da "transubstanciação". Mas ela ainda opõe a virtude do sacramento e a verdade. Ela terá graves consequências, pois a "Presença real" será compreendida no sentido de presença local e geográfica, das quais escapa o Cristo depois de sua ressurreição.

---

[11] Segunda profissão de fé de Berengário de Tours, em 1079.

A segunda Idade Média, Santo Tomás de Aquino

A primeira Idade Média nos deixa com uma preocupação insistente na Presença real do Cristo na Eucaristia, mas ainda não está elaborado um vocabulário suficientemente fundado em filosofia para afirmar a modalidade precisa de tal presença. Em que ela consiste e em que não consiste? A nova tendência vai confundir Presença real e presença geográfica ou local. Será preciso esperar a segunda chegada de Aristóteles para que essa presença seja afirmada no nível da *substantia*, o qual só pode ser compreendido pelo intelecto humano. Essa passagem da consideração do corpo e do sangue à da substância anuncia a vinda do substantivo correspondente, a "transubstanciação". O termo aparece pela primeira vez em 1140, sob a pena de Rolando Bandinelli, o futuro Papa Alexandre III. O neologismo não recebeu inicialmente uma acolhida entusiasta, mas entrou no vocabulário conciliar e dogmático em Latrão IV, em 1215, sob a forma do verbo "transubstanciar". Tal passagem foi ao mesmo tempo uma perda e um ganho. Ele nos faz passar da representação de um ser humano concreto para o termo abstrato e especulativo de substância. Sua precisão metafísica coloca o conteúdo afirmado acima de toda ambiguidade. Essa será a razão de seu sucesso, pois chegará até os catecismos. São Tomás foi um dos primeiros a ter desenvolvido uma teoria da *transformação substancial* e a ter o grande mérito de tratá-la no nível metafísico e não físico.

O termo *substância* exige algumas explicações, pois ele não tem o mesmo sentido em nosso vocabulário corrente e no seu sentido filosófico. No primeiro caso, a substância é a materialidade empírica considerada como o material ou o substrato de todas as coisas. Por exemplo, diremos em linguagem corrente: meu casaco é de lá. A substância de meu casaco é a lã. No segundo caso (sentido filosófico), a substância é a *razão de ser de uma coisa*, ou seu sentido; é a unidade de uma coisa percebida no plano em que a inteligência a toma e afirma sua realidade. Retomemos o mesmo exemplo: meu casaco é uma veste destinada a me proteger do frio e a "me vestir", no sentido em que a veste é um ornamento. Se descosturo meu casaco para fazer uma jaqueta, ela será ainda de lã, mas sua substância terá mudado, porque uma jaqueta não é um casaco. O sentido do toque é suficiente para detectar a lã, mas é minha inteligência que pode dizer o que é um casaco.

A transubstanciação se opunha, para Santo Tomás, à transmutação dos metais dos alquimistas de seu tempo: o chumbo que se tornava ouro. Não se pode pensar a transubstanciação no nível físico-químico. Seja qual for a análise científica feita sobre o pão e o vinho consagrados, sempre se encontrará pão e vinho. Nesse nível tocamos apenas as "espécies eucarísticas". Santo Tomás, que foi um dos primeiros a desenvolver uma teoria da "transformação substancial" das espécies no corpo e sangue do Cristo, a transubstanciação, tem o mérito de excluir da transformação eucarística toda percepção sensível.

> O corpo do Cristo está nesse sacramento segundo o modo de substância. Ora, a substância, enquanto tal, não é visível ao olho corporal, nem está sujeita a nenhum sentido (cf. *De Anima*, de Aristóteles, L. 3, cap. 6). Em consequência, para falar propriamente, o corpo de Cristo só é perceptível pelo intelecto, dito olho espiritual.[12]

---

[12] SANTO TOMÁS, III a. Q, 76, a.7.

Santo Tomás utiliza, pois, o termo "substância", mas o refere ao conceito filosófico propriamente aristotélico: a substância não é o substrato, mas a razão de ser de uma coisa e seu sentido. O termo escapa, assim, da sensibilidade e do fisicismo. Por consequência, "o corpo de Cristo não está nesse sacramento como em um lugar, mas pelo modo de substância" (III a. Q 76, a. 5). Apenas as espécies do pão e do vinho estão em um lugar. Enfim, o modo de ser do Cristo nesse sacramento é totalmente sobrenatural (*penitus supernaturalis*). Apenas o intelecto humano pode discerni-lo pela fé. A substância do pão e do vinho foi transformada na substância do corpo do Cristo, mas a forma sensível do pão e do vinho (*species*) permanece, o que Aristóteles chama de "acidentes". Isso coloca a questão metafísica da existência de acidentes separada de sua substância. Apenas se pode fazer apelo aqui à onipotência de Deus. A Idade Média se pôs a questão do rato que entra no tabernáculo e rói as hóstias. O rato comungou? Evidente que não. Ele roeu as espécies, pois um animal não pode ser conviva da Eucaristia. As orações eucarísticas dizem bem que o pão e o vinho são feitos corpo e sangue do Cristo *para nós*, isto é, para aqueles que são capazes de reconhecê-los na fé.

Em seu *Comentário de sentenças*, Santo Tomás utiliza 88 vezes o termo "transubstanciação", mas o emprega apenas quatro vezes na *Suma teológica*. Seu vocabulário é mais o da "conversão substancial". De qualquer maneira o novo termo "transubstanciação" não teve, na época, o mesmo valor de referência que obteve durante a controvérsia com os protestantes.

Com Santo Tomás a distinção entre Eucaristia sacrifício e Eucaristia sacramento é fortemente sublinhada:

Este sacramento é inteiramente sacrifício e sacramento. Tem razão de sacrifício enquanto é oferecido e tem razão de sacramento enquanto é comido. E é por isso que produz efeito do sacramento naquele que o come, enquanto produz efeito de sacrifício naquele que o oferece, ou naqueles pelos quais é oferecido.[13]

Seu cuidado com a precisão teológica quer respeitar as categorias pelas quais se exprime o conteúdo da fé. A categoria de sacramento é diferente da de sacrifício. É preciso distingui-las formalmente, e também seus efeitos, e tratá-las em dois capítulos bem diferentes da dogmática. Fazendo assim, Santo Tomás esquece que coloca a teologia no caminho não apenas da distinção, mas da separação entre sacrifício e sacramento na Eucaristia. Essa separação, que encontraremos canonizada no Concílio de Trento, não será sem consequências para uma justa apreciação do mistério eucarístico e da conversão das espécies, sendo a Presença real inseparável do ato sacrificial do Cristo, que a torna possível.

Os tempos modernos: da Reforma ao Concílio de Trento

Se é assim, o modo de presença de Jesus na Eucaristia é a consequência imediata do dom que ele faz de si mesmo, de seu corpo e seu sangue no ato de morrer, para alcançar a glória divina. A este ato de Jesus nós respondemos pelo ato de comer e de beber. Com efeito ele disse: "Tomai e comei, tomai e bebei". A Eucaristia é um ato, antes de e para tornar-se uma presença. É

---

[13] Id., III a. Q. 79, a. 5.

porque ela deve ser normalmente recebida durante a celebração. Toda comunhão fora da missa é uma participação do fiel à celebração na qual a hóstia foi consagrada. Essa presença é evidentemente original, pois permanece escondida sob a aparência das espécies. Ela é real, mas não é geográfica nem local. Ora, as crises acontecidas a esse respeito levaram a identificar abusivamente nas mentalidades seu caráter real com uma espécie de presença local, como se a presença de Jesus fosse do mesmo tipo que a presença das espécies. Os milagres eucarísticos, em que a hóstia torna-se um pedaço de carne, encorajam essa ambiguidade, que permanece frequentemente presente na consciência dos fiéis. Sem dúvida, nisso não temos outras representações senão aquela da presença local. Mas a presença sacramental é de uma outra ordem. É ela, e apenas ela, que permite a comunhão, o fim primeiro da Eucaristia. Porque, no caso dos diferentes milagres da Eucaristia, a primeira consequência é que a espécie é a que é colocada em evidência, e não pode mais ser consumida, mas conservada em um relicário. Essa situação escapa totalmente à lógica e à intenção da Eucaristia. A presença é propriamente sacramental. Ela está lá pela mediação necessária do pão e do vinho. Trata-se com efeito da presença do Cristo ressuscitado que, por definição, tornou-se não localizável. O corpo do Cristo, isto é, seu corpo ressuscitado, tornou-se transcendente e incapaz de localização. Esse foi o erro dos que consideraram por muito tempo, na Idade Média, que o Cristo só poderia estar, por um lado, sobre o altar e, por outro lado, no céu ou sobre outro altar. Dito de outra maneira, o corpo do Cristo não está presente no tabernáculo da mesma maneira que o cibório aí está presente.

A prática eucarística católica apresentava no começo do século XVI vários sinais de degradação. A comunhão sacramental tornou-se rara. Em represália, as missas se multiplicaram em razão das bênçãos esperadas pelo individualismo religioso de uns e outros, em particular para aquele que "oferece missas". Lutero entende voltar a uma prática bíblica da Eucaristia, assim como é expresso nas narrativas da instituição, Jesus disse: "Tomai e comei" e não "tomai e adorai"; por outro lado, não há razão para proibir aos leigos a comunhão sob as duas espécies. Em nome dessas mesmas palavras, Lutero guarda a Presença real do Cristo na Eucaristia, mas ele rejeita todo apelo à filosofia, assim como a linguagem da transubstanciação (sua referência teológica será muito mais a "consubstanciação"). O pão e o vinho foram dados pelo Cristo para serem comidos e bebidos, e em nenhum lugar está dito para conservá-los e adorá-los. Por que então as procissões do Santíssimo Sacramento?

Sob tal caminho, outros reformadores irão ainda mais longe. Por exemplo Oekolampad e Zwinglio chegam a uma interpretação puramente "simbólica" (no sentido menor do termo, isto é, um sinal que permanecerá exterior à realidade) das palavras da instituição. Lutero recusará toda extensão: "Negando-se a utilidade da carne de Cristo na Ceia, ela será negada também na encarnação propriamente dita". Tais divergências trouxeram conflitos ao seio da Reforma. Para Calvino, o cristão recebe, por obra do Espírito, o corpo e o sangue do Cristo, mas os elementos do pão e do vinho permanecem o que são. Eles não são transformados, como dizem os católicos; eles não contêm o Cristo, como pensa Lutero. A presença do Cristo depende da fé dos fiéis. Para Calvino, a Ceia é o segundo sacramento, o banquete espiritual. Pelos sinais do pão e do vinho, Jesus Cristo testemunha que ele é o alimento espiritual dos cristãos.

A primeira afirmação do Concílio de Trento, proferida com solenidade, trata da presença do Cristo na Eucaristia. Ela obedece à lógica do setenário e ignora sua ligação com o sacrifício do Cristo, o qual será discutido onze anos mais tarde, durante o último período do Concílio, com a questão da comunhão sob as duas espécies.[14] A separação dos dois pontos de vista é assim confirmada e será a norma na teologia até quase nossos dias:

> Este santo concílio ensina e professa abertamente e sem desvio que, no venerável sacramento da Eucaristia, depois da consagração do pão e do vinho, nosso Senhor Jesus Cristo, verdadeiro Deus e verdadeiro homem, está verdadeira, real e substancialmente (*vere, realiter et substantialiter*) contido sob as aparências (*specie*) dessas realidades sensíveis. Não há nenhuma contradição em que nosso Salvador esteja sentado eternamente à direita do Pai nos céus, segundo o modo de existência que lhe é natural, e que, apesar disso, esteja em outros lugares, sacramentalmente (*sacramentaliter*) presente em sua substância, em um modo de existência (*existendi ratione*) que devemos crer firmemente como uma coisa possível a Deus.[15]

Toda presença é espiritual, mesmo se ela passa por representações materiais. Não se dirá de um objeto material que está presente: esta mesa sobre a qual eu escrevo não está presente, ela simplesmente está aí. A presença supõe a consciência de si e a

---

[14] Que o Concílio recusará.
[15] CONCÍLIO DE TRENTO, sessão 13, cap. 1, *DzH* 1636.

relação pessoal com outro. Quando vou ver alguém, faço uma ação física de deslocamento, a fim de encontrar esse amigo como uma presença humana e, portanto, espiritual, que permitirá nos comunicar, trocar notícias e confidências. Se meu amigo, doente, está em coma, não poderei me comunicar com ele, ele não saberá que vim e não haverá nenhum encontro. Minha presença física será privada de seu objeto. Eu direi, voltando, que não pude entrar em relação com ele. Portanto, também não se permite a comunhão com alguém que está nesse estado. Quer dizer que comungar é nos tornarmos presentes àquele que nos recebeu em sua mesa. A presença sacramental é, então, absolutamente original e não tem analogia em nosso mundo. Ela não é idêntica àquela do Salvador à direita do Pai, mas sacramental, "segundo um modo de existência" (*ratio existendi*) que só pode ser reconhecido na fé. A Idade Média latina dizia que o Cristo estava "contido" no pão e no vinho,[16] expressão excessivamente espacial e desajeitada. Em todo caso, a Presença real eucarística é uma presença substancial. Cristo não está apenas presente na Eucaristia "enquanto sinal, figura ou virtualmente" (cânon 1, visando a Calvino), ou ainda apenas no momento da comunhão (cânon 4), ou mesmo de maneira "espiritual", se tal termo opõe-se a "sacramental" ou "real" (cânon 8). Mas o Concílio recusa também uma compreensão na qual a presença eucarística seria espacialmente prisioneira dos sinais sensíveis do sacramento, como, por exemplo, se "o Cristo não está todo" presente no pão e no vinho (cânon 3). Essa presença tem por fundamento a instituição feita na última Ceia, durante a qual o Salvador atesta, diante

---

[16] LATRÃO IV, *DzH* 802.

de seus discípulos, "que ele lhes daria o próprio corpo e o próprio sangue". O Concílio situa, então, sua presença na intenção e na dinâmica do sacramento:

> Nosso Senhor, estando para deixar este mundo para ir ao Pai, instituiu esse sacramento, no qual ele, de alguma maneira, derramou as riquezas de seu amor pelos homens, "deixando um memorial (*memoria*) de suas maravilhas" (cf. Sl 110,4; 1Cor 11,24-26) e ele nos permitiu, na recepção desse sacramento, poder celebrar sua *memória* e anunciar sua morte, até que ele venha para julgar o mundo. Ele quis esse sacramento como alimento espiritual das almas que alimenta e fortifica os que vivem sua vida. [...] Ele quis, ademais, que seja o prêmio de nossa glória vindoura e de nossa felicidade eterna, ao mesmo tempo que um símbolo do único corpo do qual ele é a cabeça (cap. 2).[17]

Esse belo texto recapitula os dados tradicionais em torno do termo "memorial", em referência às palavras da instituição. A Eucaristia é, com efeito, o memorial do evento pascal, isto é, o ato pelo qual esse evento se torna presente ("re-presentado") e ativo na celebração. O memorial supõe uma tríplice referência ao passado, ao presente e ao futuro, segundo a carta de Paulo evocada pelo Concílio; trilogia essa retomada e popularizada na antífona do Santíssimo Sacramento, cujo autor é Santo Tomás: "*O memoriale mortis Domini, Recolitur memoria passionais ejus, mens impletur gratia, et futurae gloriae nobis pignus datur*".

---

[17] CONCÍLIO DE TRENTO, sessão XIII, art. 2, *DzH* 1638.

A transubstanciação no Concílio de Trento

Curiosamente, o termo "transubstanciação" vai aparecer apenas no capítulo 4 da sessão 13 do Concílio de Trento. A Presença real na Eucaristia é proposta pelo Concílio segundo três níveis que convém distinguir.[18] O primeiro nível da afirmação é aquele da expressão mais tradicional da fé: ele liga a Presença real do Cristo na Eucaristia à instituição da Ceia e ao gesto do dom que o Senhor fez ali do pão e do vinho, chamando-os de seu corpo e seu sangue: "Porque o Cristo, nosso Redentor, disse que era verdadeiramente seu corpo aquilo que ele oferecia sob a espécie do pão".[19]

Essas palavras precisam ser levadas a sério como toda a tradição o fez; e elas não poderiam ser reduzidas a figuras de estilo "sem consistência e imaginárias" (cap. 1). Este primeiro nível de afirmação é expressamente bíblico. É espantoso que, nas duas formulações (cap. 1 e 4), a afirmação da presença esteja ligada ao dom que Jesus fez: é no movimento de tal dom, ordenado à comunhão, que se inscreve a presença.

O segundo nível de afirmação é a consequência imediata do primeiro: se o que era pão e vinho tornaram-se corpo e sangue do Cristo, houve uma *mudança*, uma conversão das espécies do primeiro estado ao segundo. É afirmada, pois, a objetividade da mudança que se realiza nas espécies eucarísticas.

---

[18] Jovem professor de Teologia em Fourvière, em 1964, lembro-me de ter descoberto um estoque da edição de *Corpus mysticum* no sótão da casa.

[19] CONCÍLIO DE TRENTO, sessão 13, cap. 4, *DzH* 1642.

> Sempre estivemos persuadidos na Igreja de Deus que [...] pela consagração do pão e do vinho se faz uma mudança ou conversão de toda a substância do pão na substância do corpo de Cristo Nosso Senhor e de toda a substância do vinho na substância de seu sangue.[20]

O Concílio retoma aqui, por sua conta, a velha argumentação de que, a partir das palavras da instituição, o pão e o vinho são objeto de uma misteriosa mudança (*metábole, metapoièsis, metastoikeiôsis*, em grego) que afeta os elementos em si mesmos. Ele a desenvolve no vocabulário medieval de substância.

O terceiro nível de afirmação diz respeito à introdução do conceito de "transubstanciação":

> Essa mudança foi justa e propriamente chamada pela santa Igreja Católica de transubstanciação. [Cânon 2]: Mudança que a Igreja Católica chama, apropriadamente, de "transubstanciação".[21]

Esse terceiro nível de afirmação não tem o mesmo valor que os dois primeiros. Aqueles afirmavam um dado essencial da história da salvação, este visa formalmente a uma linguagem, e não à realidade do mistério. O Concílio afirma sua ligação com essa linguagem, elaborada durante a Idade Média e privilegiada há muitos séculos, mas ele se guarda de fixar o emprego dessa palavra sobre a afirmação da Presença real, como se esta estivesse inseparável daquela. As atas de Trento são muito claras na matéria: os dois primeiros níveis de afirmação não dão margem a discussões,

---

[20] Id., sequência.
[21] Ibid.

tanto era a consciência dos Padres de reexprimir a fé tradicional da Igreja. A "canonização" do termo técnico "transubstanciação", ao contrário, foi objeto de repetidas discussões, quase até o último dia, pois alguns sublinhavam que esse termo, relativamente recente, não era unânime nas escolas escolásticas. Ele foi finalmente assumido como o termo que resumia melhor, no contexto cultural e nas controvérsias da época, a doutrina da Presença real e que poderia servir de "sinal de ligação" e de "guardião da fé" naqueles tempos particularmente problemáticos. Segundo uma justa expressão de E. Schillebeeckx, o termo "transubstanciação" tornou-se para o Concílio de Trento "o estandarte da ortodoxia". Contudo, tanto as atas do Concílio como a redação final da *doctrina* atestam que não se quis fazer como no Concílio de Niceia, que impôs o *consubstancial*. Deve-se reconhecer, contudo, o limite tanto eclesial quanto cultural de tal termo.

Do lado ortodoxo, o termo continua controverso. Fortemente atacado por alguns teólogos, ele é utilizado (sob a forma grega *metousiôs*) por outros e reaparece nos concílios de Jerusalém, de 1672, e de Constantinopla, em 1691 e 1727. Todavia, ele exprime apenas o fato da mudança, excluindo toda teoria escolástica. A mentalidade protestante permanece ainda avesso a um termo que por longo tempo pareceu-lhe veicular uma concepção mágica ou excessivamente materialista da mudança.

O Concílio legitimou o culto e a veneração que o costume católico presta ao Santíssimo Sacramento (sessão XIII, cap. 5-8), que pode e deve ser adorado. O mesmo se aplica à prática de conservar a Eucaristia para levá-la aos doentes. O cânon 9 lembra a obrigação, editada em Latrão V, da comunhão pascal anual.

O Concílio, porém, recusará a admissão dos leigos à comunhão sob as duas espécies.

A renovação teológica do século XX

O Concílio de Trento havia elaborado uma firme doutrina dos sete sacramentos. No que tange à Eucaristia, a distinção entre sacrifício e sacramento permaneceu uma base de referência para a pregação e a catequese. A fé na "Presença real" é um dado característico da fé católica. Ela é objeto de uma repetição constante, mas não de um aprofundamento ou de uma atualização. Ora, atrás da estabilidade das fórmulas, há a evolução das mentalidades e da maneira humana de aderir a uma convicção de fé. Aqui não é o lugar para analisar a grande transformação da fé eucarística em nossos dias. Entre suas causas se pode enumerar o clima de grande liberdade que afeta hoje as manifestações públicas, mesmo religiosas, o convite pastoral à comunhão frequente, a possibilidade de comungar nas mãos. Seja como for, é preciso que nos interroguemos sobre a compreensão do sacramento, incluindo aí sua apresentação litúrgica.

Depois da última guerra mundial, certos teólogos exprimiram sua reação ante certas interpretações coisificantes ou fisicistas da Presença real, corrente e excessivamente compreendida nas mentalidades como referindo-se à presença local, em razão da herança de crises anteriores. Eles tentaram substituir o termo "transubstanciação" por outros como "transfinalização" ou "transsignificação". Esses termos são bons. As espécies mudaram de finalidade: agora são destinadas à alimentação espiritual, e mudaram também de sentido. Entretanto, tais termos são suficientes? Deixados por si mesmos, eles arriscam simplesmente a pensar em uma nova utilização que permanece exterior à realidade das espécies. J. de Baciocchi toma o exemplo do fundo da garrafa que uso como cinzeiro. Há uma transfinalização, mas o objeto permanece fundamentalmente o mesmo e a mudança de destinação é reversível: esse cinzeiro de um dia pode voltar a ser o fundo de uma garrafa. Deixa-se assim de lado o "momento ontológico".

Pio XII reagiu de maneira negativa em *Humani generis* (*DzH* 3891). Paulo VI foi mais aberto em *Mysterium fidei*:

> As espécies do pão e do vinho adquirem, sem dúvida, uma nova significação e uma nova finalidade, pois não são mais o pão ordinário e a bebida ordinária, mas o sinal de algo sagrado e de um alimento espiritual. Mas as espécies tomam essa significação e essa finalidade novas do fato que trazem uma nova realidade, que chamamos corretamente de "ontológica".[22]

O debate sobre esses dois termos logo desapareceu. Portadoras de um futuro mais promissor foram as intervenções de dois grandes amigos teólogos, os padres Henri de Lubac e Yves de Montcheuil. Em 1944, Henri de Lubac publicou uma obra histórica intitulada *Corpus mysticum*, na qual apresentava a história do vocabulário eucarístico, durante a primeira Idade Média, e seus processos às vezes complicados, em busca de elaborar um vocabulário coerente. Falamos muito disso acima. A Eucaristia, chamada primitivamente *corpo místico* de Cristo, chegou a ser

---

[22] N. 46, *Documentation Catholique*, 1965, col. 1644-1645.

chamada de *corpo verdadeiro*, enquanto a Igreja se tornava o *corpo místico* do Cristo. Tal troca de adjetivos tinha por significação a inversão do valor reconhecido à Presença real, por um lado, e à constituição, pela Eucaristia, do único "corpo místico" do Cristo, do qual cada cristão é um membro. O sentido do novo livro entendia não voltar atrás sobre uma evolução semântica largamente adquirida, mas lembrar que o fim último da Eucaristia, bastante esquecido na teologia e na catequese modernas, não era a Presença real do Cristo nas espécies, mas a construção da Igreja como único corpo de Cristo. Na época de seu aparecimento, o livro espantou por essa insistência aparentemente nova, porque esquecida, como se isso fosse um atentado contra a Presença real nas espécies. O esquecimento do aspecto eclesial da Eucaristia era mais real do que pensava o autor do livro, que foi rapidamente retirado do comércio a pedido de Roma.

O segundo teólogo que trouxe uma correção importante para a corrente teológica da Eucaristia foi o Pe. Yves Montcheuil, grande amigo de Henri de Lubac, quatro anos mais velho. Um texto, seu intitulado *Presença real*, circulou sob seu nome entre os estudantes do Instituto Católico de Paris. O autor tratava em novos termos do tema da Presença real e criticava, sem nenhum cuidado oratório, não a doutrina da transubstanciação, mas as teorias teológicas elaboradas a esse respeito. Algumas de suas fórmulas, sem dúvida ásperas, poderiam surpreender os que não se esforçavam para compreender o que ele queria dizer.[23]

---

[23] Montcheuil havia chamado de "padaria mística" um curso do padre Lanversin sobre Eucaristia.

O texto tem toda uma história. Ele chega a Roma sobre a mesa do Pe. Reginald Garrigou-Lagrange, que se servia das fórmulas mais provocativas para alimentar seu famoso artigo-panfleto de 1946 na revista *Angelicum*, "La nouvelle théologie, où va-t-elle" [Para onde vai a nova teologia?]. Ele discute veementemente, em primeiro lugar, com o Pe. Henri Bouillard. Em seguida, ele aborda o problema da imutabilidade das fórmulas dogmáticas e depois fala do pecado original e da Eucaristia. Estigmatiza, então, o texto atribuído ao Pe. Montcheuil, sem nomeá-lo.

Desde o início, o Pe. Montcheuil entende não desligar o dogma da Presença real do conjunto do mistério da Eucaristia, pois a Presença real é consequência do sacrifício eucarístico: deve, pois, ser compreendida em sua dependência. A unidade do sacrifício e do sacramento é central no pensamento do teólogo, que quer ultrapassar a dicotomia entre os dois aspectos, herdados da Idade Média e do Concílio de Trento. E isso é formalmente expresso e desenvolvido em uma contribuição publicada em *Mélanges théologiques*. O sacrifício do Cristo é o sacramento, em um sentido original, do sacrifício de toda a humanidade, isto é, da passagem para Deus da humanidade no curso da história. Desse sacrifício único e múltiplo, o sacrifício do Cristo, que comporta não apenas a cruz, mas também a ressurreição e ascensão, a Eucaristia é o signo eficaz, o símbolo que o exprime e o realiza, e ainda o torna possível a todos os seres humanos. O sacrifício de Jesus é o sacramento do sacrifício do Cristo total. Se o sacrifício é sacramental, o sacramento é, por sua vez, sacrificial. A missa é o sacramento do sacrifício da cruz. Sua razão de ser sacramental é de nos unir ao sacrifício do Cristo e de nos permitir realizar o que nos é dado, de fazer de nossas vidas um sacrifício espiritual. A hóstia consagrada é transubstanciada *no* e *pelo* ato sacrificial do Cristo, tornado presente de forma sacramental. A comunhão é comunhão com a vítima do sacrifício, morta e ressuscitada.

Montcheuil recusa uma consideração do mistério eucarístico que extrapole a Eucaristia-sacrifício, de um lado, e a Eucaristia--sacramento, de outro lado. Porque não há senão uma ação eucarística, na qual a Presença real é o momento ontológico. Essa separação teve consequências trágicas na história da teologia. Por um lado, buscou-se definir sacrifício à luz dos sacrifícios judeus e pagãos; de outro, elaborou-se teorias da Presença real que nem se ligam ao sacrifício do Cristo. Ao contrário, sacrifício e comunhão sacramental estão ligados na Eucaristia, e é essa ligação que faz a unidade do mistério tornado presente. É preciso voltar ao fato central que a hóstia só é consagrada *no* e *pelo* sacrifício, e em vista da comunhão. A Presença real está condicionada pelo sacrifício e pela comunhão, em vez de condicioná-los. A escolástica separou a análise do sacramento e do sacrifício e os tratou independentemente, com o risco de esquecer que o sacrifício é ele próprio sacramento, e que o sacramento o é de um sacrifício. A Presença real é dependente da unidade dessa relação. Se isso for esquecido, a análise da Presença real se perde em considerações exteriores. O que Montcheuil propõe é tratar o conjunto do mistério eucarístico segundo sua unidade e seu movimento total, e situar a Presença real no quadro desse conjunto.

O objeto do texto está centrado na noção de *presença*, como esse termo foi guardado pela tradição teológica. A noção de transubstanciação vem apenas na sequência. Esse movimento é perfeitamente coerente com o ensinamento do Concílio de Trento, que afirma formalmente tal *presença* em razão de uma conversão que a Igreja chama, justa e propriamente, de "transubstanciação".

Presença física e presença sacramental

Há várias formas de presença. Geralmente se opõe presença *física*, considerada a mais forte, à presença *simbólica, figurativa ou moral*. Montcheuil quer sair dessa oposição, que não é adequada, e propõe voltar ao conceito tradicional de presença sacramental. É preciso dizer em que consiste essa presença em sua natureza própria, e não apenas na maneira pela qual se realiza. É preciso "penetrá--la" em sua originalidade cheia de mistério e não se contentar em provar sua realidade por argumentos de autoridade. O que é para o Cristo tornar-se presente para os seres humanos sob as espécies eucarísticas? Muitos teólogos esqueceram-se de tratar a presença como mistério, porque estavam tomados pela imaginação de uma presença física e se debruçaram sobre o falso problema da maneira pela qual o Cristo se torna presente, "por adução" ou "reprodução", dessa presença física. A teologia deixou-se atrapalhar por uma série de problemas técnicos, inúteis de fato, pois não respondem à verdadeira questão e a substituem por outra.

Ora, contrariamente a uma ideia frequentemente recebida, a Presença real do Cristo na Eucaristia não é física nem local. Ela não é local como a do padre que celebra.

> Pois o corpo de Cristo ressuscitado não tem relação local com o conjunto dos corpos que vemos e tocamos. Se o corpo do Cristo está na Igreja ou no tabernáculo, não é no sentido corrente segundo o qual o corpo físico se encontra em um ponto do espaço.

O corpo ressuscitado do Cristo escapa completamente dos limites de nosso mundo espaço-temporal. Isso Santo Tomás já havia dito: se ele usa o termo "transubstanciação" é porque há uma ideia racional de substância "que não é percebida por nenhum sentido". Em perspectiva aristotélica, a substância não é o substrato, mas a razão de ser de algo. É porque apenas as espécies do pão e do vinho estão em um lugar. Tomás precisa: "O corpo do Cristo não está nesse sacramento como em um lugar, mas pelo modo de substância".[24] Pela mesma razão, o corpo de Cristo não está no céu como em um lugar, pois o céu divino não é um lugar, embora só possamos evocá-lo falando "da morada dos bem-aventurados". Essa questão embaraçou por muito tempo a teologia de Lutero, que era, também, prisioneiro de representações fisicistas.

Toda presença é espiritual

Montcheuil fala de "teólogo", pensando manifestamente em Santo Tomás, para analisar a noção de presença. Ele o faz com toda sua competência filosófica e se refere às análises fenomenológicas das diferentes formas de presença. A presença de um corpo em um lugar é apenas uma forma inferior de presença, e, em certo sentido, ela nem é isso. Ela é uma "proximidade", e não uma "presença". Não há presença senão na relação entre um espírito e outro espírito. Toda presença é espiritual. A presença espiritual, acompanhada do amor de uma pessoa por outra, é superior à simples proximidade material. Se quisermos nos ater absolutamente no "estar lá" do Cristo, tal presença local seria inferior à presença espiritual do

---

[24] Cf. sobre Santo Tomás, *supra*.

Cristo na alma que pensa nele. Entre pessoas humanas, a presença local de uma diante da outra permite a comunicação espiritual pela troca de gestos e palavras. Contudo, na Eucaristia, não é assim que funciona. A presença do Cristo na Eucaristia está ordenada à presença espiritual.

Tentemos concluir este longo percurso histórico apresentando a unidade do mistério eucarístico a partir de sua instituição por Jesus. Ele, por sua encarnação, é o "Verbo feito carne". Essa primeira presença física junto aos discípulos é apenas o começo de um grande processo, que o faz voltar-se a toda a humanidade e tem por fim a realização de seu único corpo místico, isto é, a humanidade feita Igreja. A encarnação fez de Jesus, nos dias de sua carne, um "signo eficaz" de sua presença; sinal que nos deveria revelar o amor de Deus pela iniciativa que o levou a assumir uma condição humana completa. Tal iniciativa é reconhecida na fé de seus discípulos. A Presença real do Cristo junto a eles teve por finalidade se fazer reconhecer como tal e de tornar-se entre eles uma presença espiritual. Não foi operada de maneira simplesmente física, embora o corpo de Jesus esteja no centro de sua atividade salvadora. Ela passou pelo jogo normal do reconhecimento mútuo das relações humanas. Essa presença tornou-se reciprocamente real quando a fé dos discípulos respondeu por sua própria presença crente junto a Jesus. Sua presença "física" os conduziu à sua presença espiritual.

Na noite de sua última Ceia, Jesus, tendo amado os seus que estavam no mundo, amou-os até o fim. Ele lhes deu um duplo sinal: primeiro, seguindo para sua paixão sem buscar fugir dela de nenhuma maneira, assumindo o sacrifício que lhe foi imposto pelos humanos; depois, convidando-os à sua mesa e, durante a refeição, dando-lhes seu corpo para comer e seu sangue para beber. Ele estabeleceu, propriamente, a identidade entre esses dois sinais, fazendo seus discípulos entrarem em sua dinâmica sacrificial. Nesse momento, a presença de Jesus tornou-se completa para os seus, da mesma forma que a presença dos discípulos junto a Jesus tornou-se perfeitamente espiritual. A partir daí a presença do Cristo para sua Igreja tornou-se eucarística, isto é, Presença real e sacramental. Pela mediação do corpo sacramental do Cristo, seu corpo total, seu corpo "místico", segundo a linguagem atual, está em constante construção. A Eucaristia é o sinal eficaz de sua presença espiritual. A presença espiritual atual do Cristo para a humanidade é mais real e mais íntima que sua presença junto aos apóstolos. Esta era apenas sensível no início, aquela é espiritual. A primeira presença, porém, era a condição da segunda.

Com efeito, entre a presença humana do Jesus pré-pascal junto a seus discípulos e sua presença eucarística, há todo o mistério da ressurreição. É de uma presença espiritual que a Eucaristia é signo eficaz. Ela é a presença de um "corpo glorificado" e de uma "carne divina". A carne do Cristo glorificado não é um fantasma de carne, algo menos substancial que nossa carne material. Ao contrário, é preciso dizer que ela é mais, mesmo como carne, pois, se a finalidade dos corpos é a de permitir a distinção e a comunhão entre os espíritos, o corpo sacramental do Cristo tem por finalidade permitir a distinção e a comunicação entre os espíritos em uma presença infinitamente mais íntima que a presença atual que passa por nossos corpos não glorificados. A carne glorificada do Cristo penetra até o íntimo. Toda insuficiência vem de nosso lado e dos limites da resposta de nossa própria presença. É porque, se perguntamos como o Cristo está presente na hóstia consagrada, a melhor resposta é esta: ele está presente sacramentalmente, porque a hóstia consagrada é o sinal eficaz da presença do Cristo, a presença mais real que pode haver, a presença espiritual.

É por isso que a celebração eucarística é o centro litúrgico e cultual da vida eclesial. O cristão é convidado a participar dessa celebração todos os domingos. Não se pode esquecer, enfim, que a celebração da Eucaristia é também o memorial de um futuro. Os últimos tempos da transformação eucarística e da maravilhosa multiplicação dos pães, que ela tornou possível pelo sacrifício do Senhor, ainda estão diante de nós e nós os esperamos com o retorno do Senhor.

Em cada realidade é preciso distinguir seu ser científico e seu ser religioso. Ontologicamente falando, a substância não se situa no nível do ser científico, mas naquele do ser religioso. O pão e o vinho não se transformam cientificamente; isso seria apenas uma transmutação material. Nesse nível, uma análise físico-química encontrará sempre pão e vinho, pela simples razão de que essa análise se situará sempre no plano das espécies eucarísticas. Todavia, esse nível não é mais aquele no qual existem as espécies diante de Deus e a seus próprios olhos. O que é corpo e sangue do Cristo aos olhos de Deus, em sua realidade mais profunda, o que é corpo e sangue do Cristo para nós, em nosso ato de fé, é simplesmente corpo e sangue do Cristo em si e por si.

CAPÍTULO IV

Eucaristia e Igreja: o sacramento do corpo

Em um de seus belos livros, o Pe. Henri de Lubac colocou em evidência uma fórmula bem batida, que alguns não hesitam em dizer que é dos Padres da Igreja: "Se a Igreja faz a Eucaristia, a Eucaristia faz a Igreja".[1] Essa reciprocidade diz da identidade de fundo entre uma e outra. É sempre a Igreja que celebra a Eucaristia, mas de fato é o mistério celebrado na Eucaristia que constitui a Igreja como Igreja e como Corpo do Cristo. A Eucaristia é a Igreja se exprimindo segundo o dom e pela vontade do Cristo. Com efeito, a Eucaristia é o primeiro dos sacramentos da Igreja, é a Igreja em ato. Sem dúvida ela não é o primeiro sacramento recebido pelo neófito, mas o dom do batismo dá a ele o direito de entrar na celebração que reúne os cristãos para formarem um só Corpo, que é o Corpo do Cristo,

---
[1] LUBAC, Henri de. *Méditations sur l'Église*. 2. ed. Paris: Aubier, 1953, p. 123-137.

o corpo eclesial do Cristo, cabeça desse corpo. Essa é a convicção de Paulo falando aos Coríntios: "O pão que partimos não é comunhão do corpo do Cristo? Porque, sendo um pão, somos um corpo, embora muitos, pois todos participamos de um só pão" (1Cor 10,16-17). Nós vimos que a finalidade última da Eucaristia não é a transformação do pão e do vinho no corpo e sangue do Cristo, mas o acesso de toda a assembleia ao *status* de corpo de Cristo pelo dom do Espírito.

Essa finalidade última da Eucaristia foi algo um tanto esquecido durante o segundo milênio. As inquietudes em torno da "Presença real" do Cristo monopolizaram os esforços da pesquisa teológica, a ponto de considerar o resultado último da Eucaristia como um complemento acessório para o qual não temos categorias firmes. Era sempre dito nas orações eucarísticas, mas não se tornava objeto de uma consideração central.

Vejamos, ao contrário, a audácia de Santo Agostinho, quando ele associa a Presença real do Cristo nas espécies à sua presença que faz da assembleia cristã um só corpo:

> O pão que vedes sobre o altar, desde que é santificado pela Palavra de Deus, é o Corpo do Cristo. O cálice, ou melhor, o que o cálice contém, desde que é santificado pela Palavra de Deus, é o sangue do Cristo. Por meio de tudo isso, o Senhor Cristo quis nos confiar seu corpo e seu sangue, que ele derramou por nós para a remissão dos pecados. Ora, se vós o recebestes para o bem, *vós sois o que recebestes*. Com efeito, diz o Apóstolo: "Porque, sendo um pão, somos um corpo, embora muitos, pois todos participamos de um só pão" (1Cor 10,17). É assim que

ele explica o sacramento da mesa do Senhor. [...]. Esse pão vos recomenda como deveis amar a unidade.[2]

Porque ele sofreu por nós, ele nos confiou nesse sacramento seu corpo e seu sangue. [...] Nós nos tornamos seu corpo e, por sua misericórdia, *aquilo que recebemos, nós o somos*. [...] Da mesma forma, pois, que vedes a unidade naquilo que é feito por vós, conservai esta unidade amando-vos, permanecendo ligados na mesma fé, na mesma esperança, na mesma caridade. [...] *Vós estais aqui sobre a mesa, vós estais aqui no cálice*; vós estais conosco, porque comemos juntos o pão, bebemos juntos o vinho, porque vivemos uma vida comum.[3]

Agostinho segue as palavras de Paulo com um realismo surpreendente. A eficácia das palavras consecratórias é a mesma para as espécies e para todos os comungantes que acedem santamente à Eucaristia. Toda essa argumentação está ordenada ao respeito à unidade, que é um ponto forte do mistério eucarístico.

É verdade que tais afirmações, exprimidas em um entusiasmo de fé, são difíceis para nós compreendermos. Faltam-nos categorias para exprimir essa nova "Presença real" do Cristo na comunidade que celebra a Eucaristia, e encontrar representações adequadas para ela. Talvez devamos ver nessa dificuldade uma das razões da desafeição da teologia e da catequese por esse dado que pertence à lógica da Eucaristia e que comporta uma relação com a escatologia: a última Eucaristia do fim de nossa história dará lugar ao banquete eterno de todos os salvos na glória da Trindade santa.

---

[2] AGOSTINHO, *Sermão 227*, PL 38, col. 1099-1101.
[3] Id., *Sermão 229*, PL 38, col. 1103.

Tudo isso pertence ao futuro da Eucaristia e tornará manifesto o que vivemos hoje de maneira oculta. É enquanto membros do único corpo do Cristo que seremos admitidos à visão bem-aventurada. Esse objetivo, que talvez nos pareça bem distante e expresso em termos insuficientes, é o que dá sentido definitivo a tudo o que vivemos hoje e que nos une na celebração eucarística.

Essa estreita ligação entre comunhão eucarística e comunhão eclesial explica também a vigilância da Igreja Católica sobre a questão do acesso à Eucaristia e dos limites que ela coloca à hospitalidade eucarística para os cristãos não católicos. A comunhão eucarística ultrapassa infinitamente o que tem lugar no quadro de uma celebração. É uma entrada no mistério da história da salvação, uma entrada no Reino do qual ela constitui um preâmbulo. Tal é também o sentido do viático levado àqueles que estão às portas da morte. Esquecendo a dimensão escatológica da Eucaristia, arriscaríamos nos privar do que é seu objetivo e seu sentido último. Eis como a Constituição pastoral do Vaticano II evoca nosso futuro em Deus:

> Ignoramos o tempo em que a terra e a humanidade atingirão a sua plenitude, e também não sabemos que transformação sofrerá o universo. Porque a figura deste mundo, deformada pelo pecado, passa certamente, mas Deus ensina-nos que se prepara uma nova habitação e uma nova terra, na qual reina a justiça e cuja felicidade satisfará e superará todos os desejos de paz que se levantam no coração dos homens.
>
> Todos estes valores da dignidade humana, da comunhão fraterna e da liberdade, fruto da natureza e do nosso trabalho, […] voltaremos de novo a encontrá-los, mas então purificados de

qualquer mancha, iluminados e transfigurados, quando Cristo entregar ao Pai o reino eterno e universal: "reino de verdade e de vida, reino de santidade e de graça, reino de justiça, de amor e de paz". Sobre a terra, o reino já está misteriosamente presente; quando o Senhor vier, atingirá a perfeição.[4]

A Eucaristia faz Igreja: ela é o memorial, sacramental em sua forma, o sacramento da unidade do gênero humano, o sacramento universal da salvação, o sacramento fundado sobre a pessoa do Cristo que deu seu corpo e seu sangue para a remissão dos pecados. Esse sacramento é um sacrifício em seu conteúdo: ele é o único sacrifício do Cristo e o sacramento do sacrifício de toda a humanidade. Do lado de Cristo adormecido sobre a cruz nasceu o venerável sacramento da Igreja. Por nossa participação na Eucaristia somos convidados a levar uma vida eucarística, que é uma vida sacrificial, isto é, o dom de sua vida completado pelo Cristo até sua morte. Tertuliano podia assim dizer que "a carne é o caminho da salvação"; expressão retomada por François Mallet-Joris: "Os sacramentos, essa ligação carnal com Deus".[5]

Jesus nos disse: "Façam isso em memória de mim", pois isso vos constitui. Na Eucaristia, a Igreja torna-se acontecimento, e esse acontecimento possibilita, por sua vez, a instituição. K. Rahner escreve:

> Em sentido mais profundo, a Igreja só é plenamente acontecimento na celebração local da Eucaristia. É em última análise por essa razão que a Escritura pode chamar *ecclesia* a comunidade

---

[4] VATICANO II, *Gaudium et Spes*: Constituição Pastoral sobre a Igreja no mundo de hoje, 39, par. 1 e 3.
[5] MALLET-JORIS, François. *La maison de papier*. Paris: Grasset, 1970, p. 217.

local, nome que carregam todos os crentes dispersos pelo mundo inteiro [...]. Há Igreja porque há Eucaristia.[6]

É porque a unidade dada à Igreja na celebração deve se comunicar e se manifestar: na vida e existência da Igreja. A comunhão ao corpo do Cristo engaja no serviço da comunhão fraterna vivida, da reconciliação e da destruição de muros.

---

[6] RAHNER, Karl. Quelques réflexions sur les príncipes constitutionnels de l'Église. *L'épiscopat et l'Église universelle*. Paris: Cerf, 1962, collectif U.S. 39, p. 553.

CAPÍTULO V
A liturgia da Eucaristia

A liturgia central da Igreja é a liturgia da Eucaristia. Ela compreende não apenas a palavra, mas também a música e o canto. Ela é a arte de fazer, de uma multidão, uma comunidade unida na mesma prece. Ela pertence à nossa afetividade religiosa e ultrapassa, por isso, os domínios da história e da compreensão pela inteligência. Ela cria hábitos, porque é a memória do "de cor". A liturgia deve tornar-nos familiares. Eis por que toda mudança e toda reforma da liturgia é difícil de fazer e de admitir. Pode ir da dificuldade de aceitar um novo canto na paróquia até a recusa, muito mais profunda, de entrar em uma reforma litúrgica mais séria, como aquela que foi objeto das importantes reformas do Vaticano II. Sobre isso é preciso dizer duas coisas. Essa reforma foi legítima e necessária para limpar os ritos antigos de certos acréscimos discutíveis, o que pede uma conversão de mentalidade e mesmo alguns sacrifícios. Por outro lado, faltou-lhe a pedagogia mais elementar no momento de colocá-la em prática. O clero tem nisso uma parte de responsabilidade, por conta de seus desejos e suas frequentes antecipações da reforma: o abandono do latim, a modificação de certas rubricas, sem dúvida ultrapassadas, a mudança na estrutura do coral etc. Ademais, certo clima libertário ocasionou uma multiplicação de orações eucarísticas, novas redações do *credo* e numerosas transformações que não foram autorizadas e podiam fazer pensar na irrupção de um caos, sucedendo uma longa época de fixidez. Os cristãos mais profundos e também mais numerosos conseguiram compreendê-las e amá-las. Contudo, infelizmente, alguns se orientaram para uma recusa massiva e categórica, guardando a liturgia antiga a ponto de trazer a dualidade atual dos ritos eucarísticos, arriscando, a partir daí, prejudicar a unidade da Igreja. Essa resistência, bem minoritária, sem dúvida, não enfraqueceu com o passar do tempo. Há aí algo que merece uma reflexão ao mesmo tempo cuidadosa e firme. Certos defensores do rito antigo não chegaram a dizer que os ornamentos da missa eram os mesmos que Jesus havia revestido para celebrar a Ceia? A história antiga ensina o contrário. Se, por razões já apontadas, a liturgia é por si só conservadora, ela conheceu numerosas reformas no quadro de uma estrutura homogênea bem fixada. No Oriente, cada Igreja tinha a própria liturgia; o Ocidente deixou universalizar o cânon romano, mas no final da Idade Média, como veremos, ele conheceu no Concílio de Trento uma reforma importante.

É preciso, primeiramente, verificar a origem das primeiras orações eucarísticas e já falar delas no plural. Das quatro narrativas da instituição por Jesus até as primeiras orações eucarísticas às quais a tradição nos dá acesso, já existe uma grande distância. No entanto, as narrativas bíblicas já trazem, em si mesmas, traços de uma primeira liturgia. Toda uma oração se estruturou profundamente. Se no início o celebrante era livre para formular a oração eucarística, respeitando os tempos fortes de sua estrutura, rapidamente as fórmulas comuns se impuseram a partir das Igrejas mais importantes. A primeira coisa, que foi decisiva, é que a Eucaristia foi instituída durante uma refeição. Jesus integrou o dom de si mesmo em seu corpo e em seu sangue na última refeição que ele fez com seus discípulos. Ora, sabemos toda a dimensão litúrgica das refeições celebradas em família que existe em Israel. Não é, pois, surpreendente que a liturgia eucarística tome sua origem das diversas orações judaicas que acompanham as refeições.

A *Birkat-ha-Mazon* é uma oração judaica de ação de graças que se dizia depois das refeições e exprimia a ação de graças da família ou da comunidade pelos dons do alimento. Nada evoca a pessoa do Cristo nem o dom de seu corpo e de seu sangue. No entanto, surpreendemo-nos pelo tom já cristão dessa oração. É extremamente fácil de desenvolvê-la fazendo menção a Jesus, o maior dom de Deus:

> Bendito sejais, Senhor nosso Deus, rei do universo, que nutris o mundo inteiro com bondade e misericórdia. Bendito sejais, Senhor, que dais o alimento a todos. Nós vos rendemos graças, Senhor nosso Deus, pois nos destes em herança uma terra boa e agradável, a aliança, a Lei, a vida e o alimento: Por todas essas coisas, nós vos damos graças e louvamos vosso nome para sempre. Bendito sejais, Senhor, pela terra e pelo alimento. Tende piedade, Senhor nosso Deus, de Israel, vosso povo, de Jerusalém, vossa cidade, de vosso Templo e do lugar que habitais, de Sião, o lugar de vosso repouso, do santuário grande e santo sobre o qual

vosso nome é invocado, e dai-nos restaurar nesse lugar, em nosso tempo, o Reino da dinastia de David, e reconstruí sem tardar Jerusalém. Bendito sejais, Senhor, que reconstruís Jerusalém.[1]

A estrutura já é ternária. As duas primeiras ações de graças são universais e apenas na terceira aparecem as particularidades da vocação e da situação de Israel. Como não comparar esse texto com as bênçãos eucarísticas da *Didaqué* ou *Doutrina dos apóstolos*, que data do fim do primeiro século?[2]

> Para a Eucaristia, rendei graças dessa maneira. Em primeiro lugar pelo cálice: "Nós te rendemos graças, nosso Pai, pela santa vinha de Davi teu servidor, que nos revelaste por Jesus teu servidor. Glória a ti pelos séculos!". Depois sobre o pão partido: "Nós te rendemos graças, nosso Pai, pela vida e pelo conhecimento que nos revelaste por Jesus teu servidor. Glória a ti pelos séculos! Como esse pão partido, espalhado sobre as montanhas, foi reunido para ser um, que tua Igreja seja reunida da mesma maneira das extremidades da terra, em teu Reino. Pois a ti pertence a glória e o poder de Jesus Cristo pelos séculos!". Que ninguém coma ou beba de vossa Eucaristia sem que tenha sido batizado em nome do Senhor, pois o Senhor disse a esse respeito: "Não dês do que é santo aos cães" (*Didaqué* ou *Doutrina dos apóstolos*, IX, 1).

---

[1] Texto tomado de J. Talley, *La maison-Dieu 125* (1976), p. 18.

[2] Há um debate entre os especialistas para saber se a primeira ação de graças é aquela de uma ágape e se apenas a segunda concerne à Eucaristia.

Depois de estardes saciados, rendei graças desta maneira: "Nós te rendemos graças, Pai santo, por teu santo nome que fizeste habitar em nossos corações e pelo conhecimento, a fé e a imortalidade que nos revelaste por Jesus teu servidor. Glória a ti pelos séculos. Nós te rendemos graças, Pai santo, por teu Santo nome que fizeste habitar em nossos corações. Glória a ti pelos séculos. És tu, Mestre Todo-Poderoso, 'que criaste o universo'" (Sb 1,14; Eclo 18,1) por causa de teu nome. E que deste aos homens o alimento e a bebida em usufruto, para que te rendam graças. Mas para nós tu fizeste a graça de um alimento e de uma bebida espiritual e de vida eterna por Jesus teu servidor. Por tudo nós te rendemos graças, pois és poderoso. Glória a ti pelos séculos. Lembra-te, Senhor, de tua Igreja para livrá-la de todo mal e para fazê-la perfeita em teu amor. E "reúne-a dos quatro cantos" (Mt 24,31), esta Igreja que santificaste em teu Reino que lhe preparaste. Pois a ti pertencem o poder e a glória pelos séculos. Que a graça venha e que o mundo passe! "Hosana ao Deus de David" (Mt 21,9.15). "Se alguém é santo, que venha! Se alguém não é, que faça penitência" (*Maranatha* nosso Senhor, vem!) (1Cor 16,22; Ap 22,20). Amém. Deixai os profetas darem graças quanto quiserem! (*Didaqué* ou *Doutrina dos Apóstolos*, X, 7).[3]

Segundo a escolha deliberada da Igreja antiga, esta oração é uma longa ação de graças, como as orações judaicas. Mas ela substitui o termo "abençoar" e "bênção" pelo termo propriamente cristão de "Eucaristia" ou de "ação de graças". Observe-se que essa

---

[3] LOUIS, Bouyer. *Eucharistie*: théologie et spiritualité de la prière eucharistique. 2. ed. Paris: Desclée de Brower, 1990. O dossiê foi retomado por MAZZA, Enrico. *L'action eucharistique*: origine, développement, interprétations. Paris: Cerf, 1999.

oração primitiva não integra a perícope da instituição, claramente afirmada nos Evangelhos. A repetição do termo "Eucaristia" é suficiente para fazer compreender que essa "fração do pão" é bem a Eucaristia cristã. Outra oração eucarística da mesma época guarda o mesmo silêncio sobre a perícope da instituição, é a oração dita de *Addaï e Mari*, que ainda é utilizada em certas igrejas orientais ligadas a Roma. É evidente a origem da oração eucarística cristã, com as inevitáveis variantes, nas orações judaicas de refeição. A *Didaqué* sublinha, depois de enunciar as benesses do alimento terrestre: "Mas, para nós, tu nos fizeste a graça de um alimento e de uma bebida espirituais e de vida eterna por Jesus, teu servidor".

O grande especialista em liturgia antiga, Louis Bouyer, distingue quatro tipos de orações eucarísticas saídas do trabalho dos cristãos sobre as bênçãos judaicas:

1. *O tipo sírio-oriental* (*Addaï e Mari*, já mencionados).
2. *O tipo sírio-ocidental,* cujo melhor testemunho se encontra na Tradição apostólica de Santo Hipólito e que inspira de perto a oração eucarística número 2, estabelecida pelo Papa Paulo VI. Esse tipo vai se desenvolver no século IV em razão das polêmicas trinitárias, com a liturgia de São Tiago (em Jerusalém), as Constituições apostólicas em Antioquia, a liturgia dos doze apóstolos, a de São Basílio e a de São João Crisóstomo.
3. O tipo alexandrino, dito de São Marcos ou de São Cirilo (copta).
4. Enfim, o tipo romano, na origem do cânon romano, muito próximo do precedente, atestado por Santo Ambrósio e que

será universalmente utilizado no Ocidente sob o nome de Cânon romano. No Oriente, a elaboração de novas orações eucarísticas terminará nos séculos IX e X.

Duas coisas para guardar: a liberdade relativa das diferentes Igrejas na adoção da própria oração eucarística e o firme enquadramento dado a todas para que respeitem a mesma estrutura. É esse equilíbrio que a reforma litúrgica do Vaticano II tentou reconstruir. É engraçado ver que a segunda oração eucarística atual é tratada como "protestante" por certos integristas. Eis a descrição que Justino dá a ela na metade do século II:

> São trazidos, para aquele que preside a assembleia dos irmãos, pão e um cálice de água e de vinho temperado: ele os toma, endereça louvor e glória ao Pai do universo em nome do Filho e do Espírito Santo, recita longamente uma ação de graças (Eucaristia) pelos bens que ele nos faz a honra de dar; terminadas as orações e a ação de graças, todo o povo exprime sua concordância respondendo: Amém. "Amém" é uma palavra hebraica que significa "assim seja". Quando o presidente da assembleia termina a oração de ação de graças (Eucaristia) e que todo o povo aclamou em resposta, aqueles que chamamos diáconos dão a cada um dos assistentes uma parte de pão e de vinho misturado com água, e os levam aos ausentes.[4]

O mesmo Justino, que nos descreve essa anáfora (oração eucarística), nos descreve também o conjunto da assembleia eucarística dominical, o qual nos mostra, mais uma vez, a semelhança de nossas celebrações atuais com aquelas que tinham lugar no século

---

[4] JUSTINO, *Apologia* 65,3.

II. O que nos aparece como novidade é, de fato, um retorno ao mais antigo e à época fundadora da Igreja. A celebração eucarística tem lugar "no dia do sol", isto é, o domingo. Ela começa por uma liturgia da palavra, em que se leem as *Memórias dos apóstolos*, isto é, os Evangelhos e os livros dos profetas; esse elo entre o Antigo e o Novo Testamento, cujo acordo é um testemunho forte da verdade bíblica, já pertence a essa liturgia. Vem a homilia, feita pelo celebrante e na qual ele atualiza para a comunidade que tem sob os olhos os ensinamentos dos textos da Escritura. Segue então a oração eucarística, à qual o povo responde dizendo sua concordância por um *amém* solene. A comunhão dos fiéis acontece, assim, graças ao serviço dos diáconos. É também o momento da "coleta". "Os que têm meios e que o desejam, distribuem livremente seus bens", para que o presidente possa "assegurar o socorro aos órfãos e às viúvas, àqueles a quem a doença reduziu à indigência, aos prisioneiros e aos hóspedes estrangeiros". A generosidade dos fiéis assegura um tipo de assistência social para a comunidade. O agir obedece assim ao ensinamento recebido. É comovente constatar essa semelhança fundamental, que deixa grande margem às adaptações devidas à evolução da história e à diferença das culturas. Qualquer que seja a originalidade dos lugares e das épocas, sempre necessária para a integração da Eucaristia na vida total dos crentes, a fidelidade à ordem de Jesus permanece prioritária. É isso que quis realizar, mais uma vez, a reforma do Vaticano II.

CAPÍTULO VI

A presidência da Eucaristia

Segundo as tradições católica e ortodoxa, a presidência da Eucaristia é confiada a um padre ordenado ou a um bispo, isto é, àqueles que receberam a tríplice responsabilidade pastoral do anúncio da palavra, da santificação pelos sacramentos e do governo das diversas comunidades eclesiais. Essa função pastoral é, em si mesma, um sacramento na Igreja e pertence à sua estrutura. Tal questão coloca uma dificuldade grave no diálogo ecumênico, pois a presidência de um ministro ordenado condiciona a plena validade da celebração eucarística.

Não é inútil, então, verificar o que diz a Escritura e qual foi a prática da Igreja antiga a esse respeito.

O testemunho da Escritura

O Novo Testamento é extremamente discreto sobre esse assunto. Nas numerosas "frações do pão" dos Atos dos Apóstolos, não se sabe quem preside a refeição e, por isso, a celebração. Jesus instituiu a Eucaristia na presença dos Doze e lhes confiou a Eucaristia. Uma única vez, na celebração de Trôade, durante a qual Paulo falou bastante, está dito claramente que foi ele quem partiu o pão (cf. At 20,11). Essa discrição é sem dúvida a contrapartida de uma evidência. Sabemos que a fração do pão era também "a refeição do Senhor", que era celebrada no "dia do Senhor", que constituía a comunidade e que estava revestida de certa solenidade. Havia apenas uma Eucaristia para reunir o povo no domingo em cada localidade, precisamente porque a Eucaristia faz a unidade da Igreja. Não parece ser verdade que essa celebração não tenha herdado as regras estritas da presidência da refeição judaica, normalmente celebrada pelo pai de família ou por um substituto bem identificado. Ora, vimos que as orações eucarísticas têm origem na liturgia da mesa.

A prática da Igreja antiga antes de Niceia: quem preside a Igreja preside também a Eucaristia

A prática da Igreja antiga confirma essas indicações da Escritura. A designação do presidente da Eucaristia utiliza diferentes nomes. Mas a grande convergência é a seguinte: aquele que preside a Igreja, preside também a Eucaristia dessa Igreja.[1] Apenas na Idade Média será colocado o princípio inverso: o padre, que preside o

---

[1] A pesquisa sobre a presidência da Eucaristia antes de Niceia foi feita com competência por Hervé Legrand, que cita as grandes ocorrências em um artigo intitulado "La présidence de l'Eucharistie selon la tradition ancienne", *Spiritus*, n. 69, 1977. Eu me inspiro nele para o que segue. Sobre um assunto relacionado, assinalo o artigo de VOGEL, Cyrille. Le ministère charismatique de l'Eucharistie, approche rituelle, em *Maison-Dieu*.

corpo eucarístico do Cristo, preside também a vida da Igreja. Mas a solidariedade entre Igreja e Eucaristia permanece.

O sentido dessa presidência é significar que o verdadeiro presidente da Eucaristia é, de fato, o Cristo, que instituiu essa refeição e deu a seus discípulos a ordem de refazê-la "em sua memória". A presidência do ministro ordenado é o sinal dessa presidência. A palavra de significação é aqui importante, porque a teologia dos sacramentos se desenvolveu segundo as categorias do *sinal*. Segundo o princípio *Sacramenta efficiunt quod significant* [Os sacramentos realizam o que eles significam]. Assim, o ministro exerce certa causalidade em relação ao sacramento que ele celebra. Frequentemente os textos modernos afirmam a concordância entre *assegurar* e *significar*.

Os testemunhos dos primeiros padres, em particular daqueles que puderam ainda ter contato com os apóstolos de Jesus, não faltam. Para a *Didaqué*, os presidentes são os profetas, os apóstolos e os bispos. Os profetas não são figuras sacerdotais, mas participam da construção e da presidência das Igrejas; em Clemente de Roma, são os bispos-presbíteros, estabelecidos na sequência dos apóstolos, presidentes das comunidades locais. Em Inácio de Antioquia, por volta de 110, é o bispo, princípio de unidade da Igreja, ou aquele que ele encarrega; de outra maneira, a Eucaristia não seria legítima. Em Justino, são aqueles que presidem a Igreja, o que indica o termo *proestos* [o presidente], mas que ainda não é uma figura sacerdotal. Segundo Ireneu, é o bispo. Mas esse último não distingue claramente em seu vocabulário o bispo do presbítero. Por volta de 150 em Roma, a presidência da Eucaristia é um serviço episcopal. Para Hipólito, é o bispo. Para Tertuliano, no começo do século III, é o bispo que exerce, aqui, um ministério sacerdotal.[2] Segundo Cipriano, o bispo, sinal de unidade, preside a Eucaristia como *sacerdos* e simboliza o Cristo (*vice Christi*). Excepcionalmente os presbíteros delegados pelos bispos poderão fazê-lo. O aspecto sacerdotal aparecerá apenas no século III. É por isso que a sucessão no ministério, isto é, a herança dos apóstolos, é um dom do Espírito. Esse elo com os apóstolos é colocado em primeiro lugar por Clemente de Roma, Irineu e Hipólito. Admite-se também que um "confessor", isto é, aquele que sofreu um primeiro martírio, mas sobreviveu, possa tomar lugar entre os presbíteros, mas para o episcopado ele deverá receber a imposição das mãos. Posteriormente, devido à multiplicação das comunidades cristãs nos vilarejos, a presidência da Eucaristia torna-se tarefa dos padres. Seu ministério muda de figura: em vez de assistir o bispo por meio da concelebração na sede do bispado, os padres presidem Eucaristias mais numerosas, mas sempre segundo o princípio da unidade da celebração por localidade, inaugurando o que será o ministério do pároco do interior.

As coisas foram, pois, no início, bastante complexas. Não é de espantar, em uma época na qual a Igreja está em pleno período de institucionalização. Nossa ignorância permanece grande sobre muitos pontos, mas não devemos pensar o que acontecia nas origens, segundo o que se impôs em seguida. O princípio da estreita ligação entre presidência da Igreja e presidência da Eucaristia nos conduz ao essencial: a dependência total da Igreja e da Eucaristia ao fundador de ambas, o Cristo.

---

[2] Contudo, Tertuliano admite, em caso de necessidade, que um leigo possa também celebrar.

Rapidamente será estabelecido o princípio da "sucessão apostólica", manifestado pela celebração das ordenações. Encontra-se claramente expressa em Irineu de Lion. A sucessão apostólica, transmitida pela imposição das mãos e pela invocação do Espírito, comporta três características: a continuidade da tarefa ministerial depois dos apóstolos, a fidelidade ao ensinamento da Igreja e, enfim, a conformidade da vida ao Evangelho.

A presidência ministerial representa a presidência do Cristo

Como na Ceia, é o Cristo quem convida a Igreja que ele reúne e alimenta. É ele quem preside a refeição que ele mesmo oferece a seus discípulos. O verdadeiro presidente da Eucaristia é o Cristo em pessoa. A presidência do ministro, bispo ou padre é a de um substituto que foi chamado e enviado para essa missão. Tal presidência é o sinal eficaz da presidência do Cristo, que instituiu a Eucaristia fazendo o dom de sua vida. Ela manifesta que não é a Igreja que se convida à refeição do Senhor. Esta só tem valor pela radical alteridade da pessoa do Cristo, verdadeiro Deus e verdadeiro homem. A causalidade exercida é puramente ministerial, não tem nada de mágica. Por sua origem, ela é dom do Espírito invocado sobre o ordenando, acompanhado da imposição das mãos, que exprime uma autoridade conferida ou uma habilitação, para, de agora em diante, presidir a Eucaristia. Tais são os momentos fortes e o sentido da celebração de ordenação. A Igreja só tem o direito de celebrar a Eucaristia na dependência do Cristo que lhe deu expressamente essa ordem. Trata-se de uma tarefa recebida, de uma responsabilidade apostólica, e não de um poder propriamente dito: o ministro tem sempre que dar conta à Igreja da maneira que ele celebra. A Igreja não é dona da Palavra nem do sacramento.

No ministério de presidência, o significado é a alteridade radical do ministro em relação à Igreja. A Igreja não é proprietária nem dona da Eucaristia. Ela recebe de outro o que a fez. A título pessoal, o ministro é um membro da assembleia, mas, no título de seu ministério, ele é enviado para significar e realizar a iniciativa irredutível de Deus. O ministro assegura igualmente o laço de comunhão entre a assembleia local e a Igreja universal. A dependência a respeito do Cristo se vive a partir da reciprocidade das relações mútuas entre o presidente e a assembleia: essas relações são dissimétricas e exprimem uma dependência recíproca. A assembleia precisa do ministro para poder exercer o sacerdócio real como um dom recebido; o ministro precisa da assembleia porque ele está a serviço de Cristo e a serviço da assembleia. Essa dependência recíproca, mas não simétrica, se vive por meio das relações diferenciadas de interdependência e de reciprocidade.

A forma cultual adotada é a imposição das mãos e a invocação do Espírito

A *Tradição apostólica* de Hipólito de Roma, que datamos do início do século III, mas que nos informa sobre os usos do final do século II, é uma referência essencial para nosso assunto, tendo em vista a influência que terá esse texto ao mesmo tempo litúrgico e canônico, e o fato de que sua teologia do episcopado foi retomada no novo pontifical romano "e que a teologia que aí se exprime é a expressão do ensinamento eclesial de hoje". A *Tradição apostólica* nos diz que se ordena como bispo aquele que foi escolhido por todo o povo e que outros bispos lhe impõem as mãos. "Segundo a oração de ordenação, o bispo é primeiramente aquele que recebe o carisma apostólico, compete-lhe apascentar o santo rebanho em primeiro lugar e exercer o soberano sacerdócio, oferecendo os dons da santa Igreja".[3] As dimensões sacerdotal e pastoral de seu ministério estão claramente afirmadas. "A presidência da assembleia eucarística se revela, então, como a dimensão litúrgica, profética e mistérica da tarefa pastoral de construir a Igreja, confiada na ordenação".[4] O sacerdócio cristão, assim, é de outra ordem que o sacerdócio judaico ou o sacerdócio pagão.

Último ponto importante a assinalar: é a totalidade da assembleia cristã que celebra e que oferece a Eucaristia. A Igreja antiga ignora as figuras de um padre que presidiria sozinho ou do cristão que se contentaria em "assistir". A presidência é sempre expressa no plural. A oferenda do sacrifício eucarístico é um ato de toda a Igreja. Um sinal dessa globalidade é igualmente dado pelo julgamento de nulidade que está ligado a toda ordenação absoluta, isto é, onde o padre seria ordenado sem que uma tarefa pastoral concreta lhe seja dada. A percepção de tais aspectos mudará consideravelmente na Idade Média.

---

[3] LEGRAND, cit., p. 416-417.
[4] Ibid., p. 424.

CAPÍTULO VII
O desenvolvimento do culto eucarístico nas diferentes Igrejas

"Tomai e comei; tomai e bebei"

Lutero estava perfeitamente correto ao lembrar à Igreja Católica de seu tempo o conteúdo das palavras de Jesus na instituição da Ceia: não "tomai e adorai", mas "tomai e comei, tomai e bebei". A primeira forma do culto eucarístico situa-se na comunhão. Ela domina radicalmente todas as outras. A lembrança não era inútil em uma época na qual a Igreja praticava cada vez mais a adoração da Eucaristia (procissões e bênçãos do Santíssimo Sacramento, adoração perpétua, vigílias diante do Santíssimo Sacramento exposto etc.), enquanto os fiéis comungavam cada vez menos durante a celebração da missa.

É bom lembrar também que a primeira intenção da reserva eucarística é possibilitar a comunhão dos doentes ou ausentes, que não puderam ou não podem mais participar da celebração completa. Essa decisão remonta ao Concílio de Trento. O Papa Paulo VI reiterou isso. Tal é a prática tradicional das Igrejas ortodoxas, que conservam a Eucaristia na sacristia, mas não a oferecem para a adoração dos fiéis, exceto uma vez por ano: durante o ofício da Sexta-feira Santa, as espécies consagradas na missa da Quinta-feira Santa são objeto, pouco antes da comunhão, de uma procissão solene, cujos hinos convidam a um ato de adoração. Todavia, uma Igreja ortodoxa não comporta a presença de um tabernáculo. Essa procissão faz parte da celebração da Sexta-feira Santa. Se a diferença cultural com a Igreja Católica é importante, não há diferença no que concerne à fé na permanência da presença sacramental. Assim, a Eucaristia não foi jamais objeto de uma contestação de fé entre essas duas partes da Igreja.

Não é assim com as Igrejas saídas da Reforma. A reação de Lutero contra o culto de adoração praticado, sem nenhuma discrição, pela Igreja Católica em seu tempo, chegou a excluir da prática toda conservação das espécies. O pensamento diretivo é o seguinte: a Presença real do Cristo na Eucaristia acontece no quadro da celebração completa; uma vez que os participantes todos comungaram e que a celebração terminou, as oferendas perdem seu dom espiritual que lhes foi dado em vista da comunhão. Não são mais que criaturas ordenadas à nossa alimentação. Essas posições se ligam à concepção protestante da Presença real, que foi, aliás, objeto de grandes debates desde os primeiros reformadores. Nada, pois, é previsto em princípio para sua conservação, e toda comunhão fora da celebração torna-se, então, impossível. Atualmente, porém, no quadro do movimento ecumênico, constata-se que certas comunidades afirmam a permanência da presença e a colocam em prática.

Por que a Igreja Católica se comprometeu tão fortemente em celebrações de adoração da presença do Cristo? Foi em razão de crises teológicas que datam da primeira Idade Média e durante as quais certos teólogos parecem ter tomado distância exagerada da doutrina comum. Pensemos na crise provocada por Berengário de Tours desde o século X (por volta de 1000-1080). Sua doutrina sobre a Presença real foi condenada por Hildebrando, o futuro Papa Gregório VII. Berengário teve de se retratar no Concílio de Roma. Esse acontecimento está, sobretudo, na origem de uma fixação da mentalidade eclesial e de uma necessidade de voltar, sem cessar, à questão da Presença real. Esta é sublinhada várias vezes na oração eucarística e se orienta, lenta mas seguramente, para o termo "transubstanciação" (este aparece por volta de 1140, sob a pena de Roland Bandinelli, futuro Papa Alexandre III. Inocêncio III o emprega em 1202, e ele entra no vocabulário dogmático no Concílio de Latrão IV, em 1215). Mas não há nos teólogos anteriores a Santo Tomás a importância central que lhe será dada depois de Trento e da contestação de Lutero.

A adoração eucarística

No Novo Testamento encontramos frequentemente o termo "prostrar-se (diante de alguém)" para exprimir a veneração espiritual diante do mistério de Deus. As três pessoas divinas, e apenas elas, são objeto de adoração propriamente dita (em termos técnicos, do culto de "latria"). Claro que tudo o que toca a Eucaristia deve ser tratado com uma atitude e um clima de veneração e de maior respeito. Todavia, depois do fim da Idade Média e durante a Idade Moderna – época pós-tridentina –, a Igreja Católica desenvolveu consideravelmente as formas de adoração eucarística: procissões, bênçãos e exposições do Santíssimo Sacramento, adoração perpétua circulando entre as igrejas de uma mesma cidade, celebração do *Corpus Christi*, quando o povo é convidado a ir de altar em altar seguindo o Santíssimo Sacramento, e mesmo a prática (bastante discutível) de celebrar a Eucaristia diante do Santíssimo Sacramento exposto, como se fosse preciso ajuntar algo à própria Eucaristia. No início, tratava-se de contradizer todos os que colocavam em questão a permanência da presença do Cristo, ou mesmo sua afirmação direta. Não há, em princípio, nada a corrigir às diversas expressões do culto eucarístico, com uma condição, entretanto: elas não devem conduzir a uma desafeição da participação da Eucaristia e da comunhão sacramental. Foram estabelecidos costumes à margem da celebração da Eucaristia que contribuíram apenas para o aprofundamento da oração pessoal e silenciosa em muitos cristãos fervorosos.

Tentemos exprimir aqui uma posição de equilíbrio no quadro de um culto autêntico da Eucaristia. É verdade que as devoções são perfeitamente legítimas, pois o Senhor Jesus está realmente presente nas espécies eucarísticas. Contudo, é preciso afirmar claramente que tais devoções são secundárias em relação ao essencial, que é a celebração eucarística mesmo, segundo suas diferentes formas, e que elas devem sempre deixar a prioridade para a celebração completa da Eucaristia e para a comunhão sacramental. Não esqueçamos que o próprio Concílio de Trento disse que a primeira razão da reserva sacramental era a comunhão dos doentes e dos ausentes.

O costume de conservar a santa Eucaristia em um lugar sagrado é tão antigo que o século do Concílio de Niceia já o conhece. Além disso, levar essa santa Eucaristia aos doentes, e, para isso, conservá-la cuidadosamente nas igrejas, é não apenas algo razoável e conforme a racionalidade, mas também prescrito por numerosos concílios e observado por um costume muito antigo da Igreja Católica. Por isso esse santo concílio estatuiu que é preciso absolutamente guardar esse costume salutar e necessário.[1]

Em grego, o verbo *proskuneô* é o mesmo para "prostrar" e para "adorar". Dito de outra maneira, não se conservou para adorar, mas se adora porque foi conservado. O Papa Paulo VI lembrou disso de maneira oportuna, pois desvios são sempre possíveis nessa matéria. Não seria necessário que hoje, como em outros tempos, essas formas secundárias do culto eucarístico venham substituir a comunhão frequente. A catequese e a pregação devem situar com justiça essas formas secundárias do culto eucarístico e colocar sempre em primeiro lugar a celebração completa e a comunhão sacramental.

---

[1] CONCÍLIO DE TRENTO, 13ª sessão, cap. VI. *DzH* 1645.

CAPÍTULO VIII
Rumo à reconciliação ecumênica

Não é possível, em pleno século XXI, apresentar um ensinamento sobre a Eucaristia sem abordar a questão ecumênica. Depois do Concílio Vaticano II, com efeito, o diálogo ecumênico se desenvolveu amplamente sobre todas as questões eclesiológicas que estiveram na base da Reforma. Nesses problemas, a doutrina eucarística estava, sem dúvida, no primeiro plano da reflexão. Ela foi impulsionada pelo grande desejo de diversos grupos ecumênicos de poder viver a hospitalidade eucarística entre Igrejas ainda divididas, como sinal decisivo do avanço da reconciliação.

Esse processo foi fecundo. Houve, de um lado, a pesquisa do *Conselho Mundial de Igrejas* com um primeiro documento proposto a elas, chamado *Documento de Bristol*. Esse documento, depois de registrar as reações e sugestões que provocou, evoluiu para o documento conhecido como Acordo de Acra, em 1974. Este também foi objeto de um grande trabalho, culminando no chamado *Documento de Lima* (cf. o "BEM"),[1] de 1982, que recebeu grande adesão de Igrejas. Por outro lado, a Comunhão anglicana também se envolveu, produzindo em 1971, no contexto de seu diálogo com os católicos, o *Documento de Windsor*. Este, do mesmo modo, dá origem a diversas contribuições e questões, que foram reunidas no documento intitulado *Elucidações* (1979),[2] e depois incorporadas ao *Relatório final*. A Comissão internacional católico-luterana publicou, em 1978, um relatório importante intitulado *A Ceia do Senhor*,[3] o que não impediu a pesquisa feita na América do Norte pelo diálogo luterano-católico, que publicou igualmente um documento original em 1978.[4] Da mesma forma, o diálogo interno da Aliança Reformada Mundial publicou em 1978 um documento, *Cristo na Igreja e no mundo*. Por fim, o Grupo de Dombes decidiu se integrar ao conjunto dessa pesquisa produzindo, em 1972, tendo como base o *Documento de Bristol*, o pequeno fascículo intitulado *Rumo a uma mesma fé eucarística? Acordo entre católicos e protestantes*, publicado por *Presses de Taizé*.[5] Mais recentemente, o comitê misto católico-luterano-reformado,

---

[1] *Foi et Constitution. Conseil oécumenique des Églises, Baptême, Eucharistie, Ministère*. Centurion: Presses de Taizé, 1982. Ver também o volume de comentários publicado com o mesmo título *Baptême, Eucharistie, Ministères, 1982-1990. Rapport sur le processos "BEM" et les réactions des Églises*. Paris: Cerf, 1993.

[2] COMISSÃO INTERNACIONAL ANGLICANA-CATÓLICA ROMANA. *Rapport final*. Windsor, setembro de 1981. *Jalons pour l'únité*. Paris: Cerf, 1982; *Nouveaux jalons pour l'unité*. Paris: Cerf, 1984.

[3] Disponível no volume *Face à l'Unité: tous les textes officiels (1972-1985)*. Paris: Cerf, 1986.

[4] *Lutherans and Catholics in Dialogue, IV, Eucharist and Ministry*, 1970.

[5] Atualmente acessível no livro de síntese dos trabalhos do Grupo de Dombes, *Communion et conversion des Églises*. Montrouge: Bayard/Compact, 2014.

na França, publicou um novo documento, no qual se estuda a relação entre a comunhão eucarística e a comunhão eclesial.[6] Da mesma forma, um documento com mais nuances foi assinado na França entre a Aliança Batista e a Comissão Católica de Diálogo.

Tudo isso representa mais de vinte anos de trabalho leal e animado pelo desejo da maioria de poder passar, tão rapidamente quanto possível, da situação atual das Eucaristias separadas para uma nova situação, em que a hospitalidade interconfessional possa tomar seu lugar no processo de reconciliação eclesial. As coisas se revelaram mais complexas que no início. O passo a dar agora é de grande importância. Contudo, o trabalho já concluído nos mostra uma boa direção. Temos uma abundância de escolhas! Em nosso caso, aqui, mais do que pretender resumir cada um desses documentos, que não chegam todos no mesmo nível de acordo doutrinal, e com o risco de cair em penosas repetições, nos contentaremos em apresentar o documento de Dombes, que é um elemento do conjunto e que teve verdadeiro sucesso no âmbito da catequese.

Esse documento compreende, de fato, dois acordos: um intitulado "acordo doutrinal", mais detalhado, e o outro "acordo pastoral", mais sucinto, mas igualmente exigente. O primeiro documento busca apresentar um "acordo substancial" na fé, além das particularidades teológicas de cada confissão sobre esse assunto importante. Uma primeira parte situa a Eucaristia em relação às três pessoas divinas. Com relação ao Pai, é uma grande ação de graças por tudo o que ele fez e continua fazendo por sua Igreja.

---

[6] COMITÊ MISTO CATOLICO-LUTERANO-REFORMADO, da França, "Discerner le corps du Christ". *Communion eucharistique et communion ecclésiales*. Paris: Cerf; Fleurus: Mame/Bayard, 2010.

Com relação ao Filho, ela é, antes de tudo, o *memorial* de sua vida, de sua morte na cruz e de sua ressurreição. A Eucaristia é, enfim, o dom do Espírito, de quem ela supõe a invocação. É o Espírito que, invocado sobre a assembleia e sobre o pão e o vinho, torna Cristo realmente presente. Toda a oração eucarística tem uma característica epiclética. A celebração alcança a presença sacramental do Cristo e o dom de sua pessoa, segundo a ordem recebida: "Tomai e comei, tomai e bebei, pois isto é meu corpo, isto é meu sangue". Com base nestas palavras de fé, o grupo pode dizer: "Nós confessamos, pois, unanimemente a Presença real, viva e atuante do Cristo neste sacramento". No ato de Cristo dar o seu corpo e seu sangue, isto é, a si mesmo, a realidade dada sob os sinais do pão e do vinho é seu corpo e seu sangue. Eles são, então, em sua verdade última sob o sinal exterior, a realidade dada, e permanecem assim até sua consumação. Segue um conselho concreto dado às Igrejas, para que elas equilibrem sua prática. Do lado católico, que se lembre que a primeira intenção da reserva eucarística é a distribuição aos doentes e aos ausentes; e, do lado protestante, que testemunhe o respeito devido aos elementos que serviram à celebração eucarística, isto é, sua consumação posterior.

Uma segunda parte está também estruturada de acordo com a trilogia do passado, do presente e do futuro. A Eucaristia faz cotidianamente a Igreja ao mesmo tempo em que ela nos faz comungar o Corpo de Cristo. A partilha do mesmo pão e do mesmo cálice, memorial do único sacrifício do Cristo na cruz, faz hoje a unidade dos comungantes com o Cristo e continua sua missão essencial para o mundo, pois ela não pode concordar com essa situação dos seres humanos privados de pão, de justiça e de paz. A Eucaristia é, enfim, uma alegre antecipação do banquete celeste. O texto termina com a menção da presidência da Eucaristia feita por um ministro escolhido pelo Cristo, e que signifique a sua presença. Essa afirmação, a princípio, não resolve ainda as questões concernentes à sucessão apostólica e às modalidades concretas dessa presidência.

Esse breve texto não tem ambiguidades na afirmação da presença sacramental do Cristo. Isso marca um progresso importante no reconhecimento da permanência dessa presença. Mesmo se permanecesse em silêncio sobre alguns pontos da prática celebrativa, é legítimo dizer que essa profissão de fé sobre a Eucaristia é aquela da Igreja desde seu início. O diálogo deve certamente continuar sobre a permanência da presença e a forma concreta da sucessão apostólica no ministério.

Esse texto é apenas de um grupo, não sendo ainda um texto eclesial; porém, ele encontrou eco e se inscreve no quadro de uma busca muito maior, eclesial, então, profundamente convergente e que exprime o centro de gravidade de um processo que quer reencontrar a fé comum no mistério eucarístico.

É preciso voltar, portanto, à questão tão disputada entre as Igrejas. Por que a hospitalidade eucarística ainda não é possível? De início, essa formulação é exagerada. Se as Igrejas ortodoxas são, em sua grande maioria, hostis a toda hospitalidade eucarística, isso não é verdade para a Igreja Católica, que a admite em alguns casos excepcionais. Pensemos nos casamentos mistos, que colocam os esposos na situação de jamais poderem comungar juntos na mesma celebração. Aí há uma situação de necessidade espiritual evidente. Outros casos podem se apresentar, como as peregrinações ecumênicas ou outras celebrações espirituais, em que o sinal de um sacramento comum é esperado. O que a Igreja Católica recusa é que tais casos de hospitalidade eucarística se tornem "normais", à semelhança do que cada um pratica em sua própria Igreja, e que a Igreja se mostre em plena reconciliação na fé, quando isso ainda não foi alcançado. A generalização da hospitalidade interconfessional poderia conduzir a um tipo de "mentira objetiva". Essa hospitalidade continua como caso excepcional e de antecipação do futuro; antecipação essa ligada a um compromisso pessoal do beneficiário com a causa da unidade, na esperança do dia em que poderemos celebrar todos juntos a mesma Eucaristia no seio de uma Igreja plenamente reconciliada. A hospitalidade não deve jamais tornar-se uma "mundanidade" ecumênica. Ora, uma concepção, largamente espalhada entre os protestantes, vê na Eucaristia um ato exterior, deixado à livre disposição da Igreja. Jesus nunca excluiu ninguém da Eucaristia. O que não quer dizer que ele não colocava exigências para uma participação honesta nesse mistério.

Sim, exatamente. A dificuldade aqui reside em um ponto de eclesiologia. Para a Igreja Católica, comungar em uma Eucaristia é normalmente comungar com uma Igreja. Tudo o que dissemos acima sobre a identidade fundamental entre Eucaristia e Igreja, sobre o fato de a Eucaristia fazer Igreja em ato de salvação, mostra que essa "reciprocidade" é tão profunda e tão íntima que a reconciliação eucarística será sinal do retorno à plena unidade.

O documento mais aberto no quadro da posição católica é um documento francês de 1983.[7] Ele é endereçado, sobretudo, aos cristãos anglicanos, luteranos e reformados. Ele lhes explica a

---

[7] *Docummentation Catholique* n. 1849, de 3 de abril de 1983.

razão profunda da posição católica e se mostra muito mais aberto à participação de um não católico na Eucaristia católica do que na situação inversa. No primeiro caso, se diz:

> No caso em que padres e fiéis católicos acolhem irmãos protestantes à mesa eucarística, uma hospitalidade autêntica supõe da parte destes últimos uma "real necessidade" ou um comprovado desejo espiritual, laços de comunhão fraterna profundos e contínuos com os católicos (tais como são vividos em certos lares mistos e em alguns grupos ecumênicos estáveis); uma fé sem ambiguidade quanto à dimensão sacrificial do memorial, quanto à Presença real e à unidade desejada por Deus (II A,2).

A formulação para o segundo caso é mais trabalhosa e restritiva:

> Em nome da dinâmica ecumênica de reciprocidade, a comunhão de fiéis católicos na Santa Ceia protestante é atualmente objeto de solicitações insistentes, em particular dos lares mistos. Essa ação não corresponde, para os católicos, ao laço que confessam entre Eucaristia e comunhão eclesial. Ele prejudica também a compreensão comum do ministério ordenado. [...]
>
> Aos católicos que estimariam, sempre em consciência, poder comungar na Santa Ceia, dizemos o que os bispos alemães disseram a seus fiéis sobre esse mesmo ponto. O Sínodo não pode atualmente aprovar a participação de um católico na Santa Ceia. Não se exclui que um católico – seguindo sua própria consciência – possa encontrar, em sua situação particular, razões que fazem parecer sua participação na Santa Ceia como espiritualmente necessária. Ele deveria então pensar que uma tal participação não corresponde ao laço entre Eucaristia e Comunhão eclesial,

particularmente para o que concerne a compreensão do ministério. Qualquer que seja a decisão que ele será levado a tomar, ele não deverá colocar em perigo sua pertença à sua própria Igreja, não mais que ela não deverá aparecer assim aos olhos dos outros (*Sínodo das dioceses alemãs de Würzburg*, 1976, n. 55).

Essa decisão decepcionará evidentemente todos os que não partilham a convicção de que a comunhão a uma Eucaristia é também uma comunhão com a Igreja que a celebra. Mas ela se abstém de julgar e de condenar tal decisão, da qual compreende a necessidade subjetiva. Ela é sensível não apenas às dificuldades, mas também ao sofrimento dos que se encontram em tal situação. Ainda é uma solução de espera, e por isso uma solução provisória. No atual estado de nossas relações, sua abertura prática deve também ser uma maneira de viver positivamente o presente sem ferir o futuro.

CAPÍTULO IX
Retorno à Escritura: pequena catequese bíblica

Propositalmente este livro teve seu ponto de partida na tradição primitiva da Igreja, isto é, nos documentos mais antigos que testemunham sua fé e sua prática eucarística. Fazendo assim, deixamos de lado provisoriamente o testemunho da própria Escritura no Novo Testamento, em particular as quatro narrativas da instituição. Ora esses diferentes textos colocam muitos problemas sobre a origem da Eucaristia e sua instituição pelo Senhor. É preciso, pois, que, terminando, voltemos aos testemunhos da Escritura e verifiquemos se eles fundam em verdade a fé e a prática da Igreja, da forma que apresentamos.

As refeições nos Evangelhos

Um dia um padre, visitando uma família de sua paróquia, a encontrou inteira à mesa. Longe de se constranger, a mãe de família assim reagiu: "Aqui é como com os apóstolos. Sempre estamos à mesa". Essa mulher tinha, sim, lido os Evangelhos e observado o lugar considerável que aí têm as refeições. Há mesmo um momento no qual Jesus leva seus discípulos para longe, para que repousem e tenham tempo para comer (Mc 6,31). Porque eles não tinham mais tempo para isso. Muitas cenas importantes se passam durante uma refeição: Jesus não hesita em se fazer convidar, mesmo por fariseus como Simão (Lc 7,36-50). Ele foi convidado para as Bodas de Caná (Jo 2,11) e na família de Lázaro (Lc 8,36-42). Ele se convida, cavalheirescamente, à casa de Zaqueu (Lc 19,5). Reprovam-lhe regularmente o fato de estar à mesa de publicanos e pecadores (Mt 9,10). Na parábola do filho pródigo, que responde a essa crítica, o retorno do filho perdido se celebra com um banquete de festa, para a qual se mata o novilho gordo. Jesus é também aquele que convida à sua mesa: na multiplicação dos pães, ele teve piedade da multidão que o seguia e que não tinha nada para comer (Lc 9,36). Ele é aquele cujo gesto mais significativo, mais reconhecedor, é o da fração do pão. Ele será reconhecido em Emaús nessa fração (Lc 24,30). "É ele!" Tudo isso constitui uma preparação para o convite supremo, para a Ceia da última noite, a Eucaristia. É por uma refeição solene que Jesus diz adeus a seus discípulos.

O testemunho de toda a Bíblia vai no mesmo sentido. Pensemos na refeição oferecida por Abraão aos três homens que vêm visitá-lo: ele mata o novilho gordo em honra de seus visitantes. É também a celebração da primeira Páscoa ainda no Egito, com um ritual bem particular em torno do cordeiro pascal. "É a Páscoa do Senhor" (Ex 12,1-11), durante a qual cada israelita revive a libertação do Egito. É toda a história do maná, do pão vindo do céu, oferecido por Deus a seu povo no deserto. Quantas cenas comportam a menção de refeição, frequentemente sagrada, como lugar de alegria!

Por que essa importância? Temos necessidade de comer todos os dias, e até mesmo três vezes ao dia. A refeição é necessária para a vida em todas as idades. Isso constitui nossa dependência primordial. O humano é um ser que, como todo animal, tem fome e sede sem cessar. Deus o conhece assim e cuida ele próprio disso.

Todavia, há mais ainda. O animal come, mas não partilha nenhuma refeição. Ele se debruça sobre o alimento e o disputa com seu semelhante. Ele luta para sobreviver. Quando come, o animal só pensa em si e em sua satisfação, esquece-se dos outros, e não é o momento de incomodá-lo. O humano, ao contrário, gosta de partilhar seu alimento em um momento de repouso e de festa. Da necessidade de se alimentar, ele fez um ato propriamente humano, um ato cultural que é ocasião para, juntos, se alegrar. Por isso a ideia de festa não se concebe sem a presença de uma refeição, onde se prepara um banquete, onde se apresentam alimentos raros e em grande quantidade, onde se bebe generosamente o vinho que alegra o coração humano. Pensemos nas festas de casamento, nas comemorações de Natal e de Ano-Novo. A refeição partilhada é mesmo o símbolo das festas. "A gente fez a festa", dizemos entre amigos. É quando as línguas se soltam, é o lugar por excelência da comunhão.

Tudo isso o mistério cristão integrou profundamente. Tanto e tão bem que a imagem mesmo da vida eterna se apresenta como uma refeição que não termina: *ad dapem aeternam*. Isso quer dizer que não temos melhor representação para exprimir a alegria eterna que as alegrias de uma refeição. Nossa fé é profundamente encarnada nas realidades humanas: o nascimento e a vida, o casamento, o sofrimento do luto e da morte. Tudo isso está presente em nossa fé. Todas as religiões comportam refeições sagradas. A refeição na tradição cristã é um ato religioso, que começa por uma bênção, pois o alimento é dom de Deus (cf. as bênçãos judaicas que estão na origem da oração eucarística).

As quatro perícopes da celebração da Ceia

O gesto institucional vem de Jesus?

O grande problema exegético colocado hoje é o de saber se a Eucaristia é criação eclesial ou se ela procede verdadeiramente de Jesus. A Igreja obedece a um primeiro mandamento de Jesus ("Façam isso em memória de mim")? Ou será que a Igreja privilegiou essa refeição em memória da última refeição de Jesus com seus discípulos? A coisa é mais sensível em Lucas e Paulo, cujas perícopes de instituição são marcadas pela prática da Igreja primitiva. É preciso apresentar três questões:

1. *A grande questão a ser colocada.* O gesto institucional vem de Jesus? Qual a relação entre o sacramento e Jesus? O que temos e recebemos é realmente um dom de Jesus, e de que maneira? As palavras são mesmo dele? Qual sentido Jesus quis dar a essa última refeição feita com os seus e, correlativamente, à sua morte? O desafio é evidentemente importantíssimo. A celebração da Eucaristia tem lugar central na vida das comunidades primitivas. A instituição da Ceia tem esse mesmo lugar central antes da morte de Jesus?

Pois, se não podemos alcançar a pessoa de Jesus, um ato, um gesto seu, podemos ainda falar de Eucaristia? Ela é um gesto no qual a Igreja expressou sua fé no valor da morte de Jesus por nós. Mas então é impossível entender literalmente: "Isto é meu corpo por vós". Esta é a posição de Bultmann: nós não podemos saber (no plano da crítica histórica), nós não devemos saber (no plano da confissão de fé). Nós não devemos nem tentar compreender. Tudo depende de nossa fé. Bultmann acrescenta que o "Salvador" e o "alimento espiritual" dado por um rito são próprios da maneira grega, estranha ao cristianismo. Pretender "ter entre suas mãos" é a supressão da fé.

É preciso, então, que busquemos saber, por meio dos textos, se realmente podemos alcançar a vontade de Jesus. Isso será possível, dado que Jesus se exprime tão pouco sobre suas intenções? Será que realmente a Igreja repete seus gestos? E como o gesto de Jesus pode se repetir?

2. *A última refeição de Jesus, quatro narrativas e duas tradições complementares*. Dispomos de quatro textos que nos relatam a celebração da Ceia por Jesus: Mateus, Marcos, Lucas e Paulo. Entre esses textos existem diferenças significativas:[1]

a) *Mateus e Marcos formam um primeiro grupo*, que podemos chamar de tradição marcana, palestinense, jerusalemita e narrativa. *Sua nota dominante é a narração*. Mateus depende de Marcos com algumas correções e adições. O texto de Marcos é o fragmento de uma história já começada, a da paixão. É uma refeição dentro da refeição: "Enquanto comiam..." (Mc 14,18). Ele comporta

---

[1] Eu me inspiro aqui nas notas de trabalho do padre Jacques Guillet.

elementos da tradição não cultual ou testamentária (ligadas em Lucas e em João ao discurso de adeus). O texto termina com o versículo escatológico, não cultual, do fruto da vinha, que não deixa lugar para o tempo da Igreja. Essas duas narrações nos remetem à história, lida teologicamente, da última noite de Jesus, mas não a uma refeição institucional. Comportam igualmente elementos da tradição cultual: mencionam a bênção (*eulogèsas*) sobre o pão, que é uma expressão judaica. Para o cálice, utilizam *eucharistèsas*, palavra que será guardada para a designação do mistério eucarístico. As fórmulas de instituição são cultuais e paralelas: "Isto é meu corpo; este é o cálice de meu sangue, o sangue da aliança". Mas são fortemente semíticas. O texto provém de um meio palestinense ou siríaco. Para Jeremias, é o texto mais antigo; Mateus e Marcos não contêm a ordem de repetição. Em uma narrativa, a fórmula de repetição não é necessária. Trata-se de contar o que Jesus fez de sua morte, não o que ele permitiu a seus discípulos. Do "sacramento" não aparece mais que o corpo como dom recebido e absorvido, o que ainda evoca o sacrifício. Essa palavra, porém, é fluida na tradição evangélica. Para Benoist, é uma rubrica: isso se aplica, mas não se diz.

b) *Lucas e Paulo formam um segundo grupo.* A nota dominante é institucional e litúrgica. É uma tradição antioquena e helenizante. Lucas é o mais original. O longo texto de Lucas, com os versículos 15-18, não é simples adição de Lucas ao texto de Marcos. Há muitos dados originais: é um modelo próprio, uma tradição diferente. Lucas é o mais completo e o que faz mais intervenções de Jesus e sua intenção. Da parte comum, ele está bem mais próximo de Paulo.

Lucas e Paulo têm em comum a ordem de repetição. O "isso" é sobre o quê? A refeição tomada por Jesus em companhia de seus discípulos? Não. O "isso" refere-se exatamente aos gestos e às palavras sobre o pão e o cálice.[2] *"Em memória de mim, eis tèn emèm anamnèsins, eis tèn mou anamnèsin"*. *Anamnèsis*, "anamnese", é uma ação que faz lembrar, que reenvia à anamnese pascal do Êxodo (12,14): "Esse dia vos servirá de memória (*zikkaron*) e vós o festejareis". Essa ordem se inscreve no contexto pascal da celebração. O ponto de partida é o mesmo em Lucas e em Paulo, cuja tradição remonta a antes do ano 40, não apenas para fazer como ele (cf. o Pai-Nosso ou o lava-pés), mas um gesto feito pela Igreja em nome de Jesus; um gesto de Igreja em uma ação de Jesus, ou melhor, "a ação de Jesus".

Essa junção é essencial. Ela é particularmente visível em 1 Coríntios 11,23, que descreve o gesto realizado na Igreja, colocando-o como um gesto realizado por Jesus: "Na noite em que ele foi entregue...". Esse modelo comandou certamente a visão tradicional. A instituição da Eucaristia é o modelo de todas as instituições. Somente o caso da Eucaristia é único; cada vez que a Igreja celebra ou faz Eucaristia (a palavra é tradicional), ela refaz o mesmo gesto do Senhor na Ceia. A instituição é o primeiro tempo de uma repetição. Em Paulo, não há mais discípulos. Os destinatários são "vós", os mesmos do versículo 26 (a comunidade de Corinto), como se Jesus estivesse no meio da comunidade cristã.

---

[2] LEÓN-DUFOUR, Xavier. *Le partage du pain eucharistique selon le N.T.* Paris: Seuil, p. 131.

Em Marcos, esse momento é o de uma data, a noite da Páscoa. Em Paulo se trata da "noite em que ele foi entregue...", motivo teológico que lembra uma data precisa, mas que pode ser qualquer noite. O resumo "do mesmo modo", em Paulo, supõe que não há mais obrigação de narrar, enquanto Marcos repete os gestos sem escrúpulos: "e lhes dá". Aqui a versão de Marco parece mais antiga que o resumo de Paulo (segundo Jacques Guillet). Do mesmo modo, Paulo coloca o título solene "o Senhor Jesus..." ao lado do simples relato de Marcos. O texto paulino empresta detalhes do contexto de Marcos: a noite (Mc 14,17) "em que ele foi entregue" (14,10-11). É, portanto, o resumo narrativo de uma narrativa mais desenvolvida. Todos esses traços fazem com que Marcos pareça um pedaço de uma narrativa maior, a da paixão anunciada, decidida, iminente. É uma relação histórica. Paulo traz um traço litúrgico independente, uma liturgia cristã celebrando a morte do Senhor, mas que tem origem em uma tradição antiga. Essa liturgia é feita para ser repetida (a ordem de repetição está ausente em Marcos e Mateus), não pelas primeiras testemunhas, mas pelos atores da liturgia. É uma "legenda etiológica cultual": a narrativa de fundação da assembleia cristã. Ela vem repetir o gesto inicial. Pode-se comparar com Êxodo 12,14a. O *"mou estin to soma"* de 1 Coríntios 11,24, "isto é meu corpo", não é possível em semítico, apenas em grego. É, portanto, mais recente que o *"soma mou"* de Marcos 4,22. Não traz nenhuma explicação. O fato bruto se inscreve na narrativa. Em Paulo: "Este corpo é por vós e é lógico que o tomeis".

c) *A comparação entre Marcos e Paulo* permite fazer um julgamento sobre o evento. Trata-se do mesmo acontecimento, mas contado ou celebrado. A versão da narrativa é incontestavelmente mais antiga que a versão litúrgica, o que conduz a uma conclusão capital: a versão litúrgica não deu origem à narrativa. A narrativa é independente da celebração: ela não foi feita para explicar a celebração. Isso é o contrário do caso de Êxodo 12-15, onde não podemos alcançar a história atrás da liturgia. Podemos apenas concluir por um raciocínio a partir de convergências. Aqui há um e outro: podemos esperar partir do gesto de Jesus. O sacramento, o gesto litúrgico, não é o primeiro. Ele supõe uma história, a qual, porém, é suscetível de tornar-se liturgia.

A narrativa da Eucaristia em Marcos está ligada a uma refeição (14,22). Essa refeição é apresentada como uma refeição pascal (14,12-16). Os atores não são nomeados depois de 14,17-18: os Doze e Jesus. A Eucaristia é um dos momentos de sua paixão. O início da paixão é obra dos sumos sacerdotes e de Judas. Os preparativos (14,12-16) se explicam bem pelo cuidado de Jesus de não desvelar antes para Judas o lugar onde ele celebrará a Páscoa. Ele queria celebrá-la ainda livre. Ele se arranja para que o segredo seja guardado. Porque ele mantém sempre a iniciativa. Ele se entregará quando quiser. João traduz as coisas com seu início solene de 13,1. Mas aqui há o equivalente. A cena de 14,17-21 se coloca facilmente no primeiro serviço: ervas amargas, suco de fruta. Depois do primeiro cálice (*Kiddusk*) ainda não há pão. Em Marcos 14,18, o texto cita o Salmo 41, verso 10, suprimindo "meu pão comigo". O traidor não é claramente designado: a dúvida persiste, ao contrário de Mateus 26,25 e de João 13,26. Tudo indica que Jesus espera morrer pelo erro de um dos seus, que rompe a comunhão da refeição. A morte já está lá, anunciada por Jesus, que "sabe". Contudo, é provável que o versículo 21 seja uma inserção cristã: "este homem" é uma fórmula de lamentação, e não de maldição (cf. Jó 3,3ss; Lv 23,14). "Melhor seria que este homem não tivesse nascido": isso não é a condenação eterna, mas sim uma maldição apocalíptica. Judas não é nomeado. Ele partiu depois do anúncio? Parece que ele não está lá em 14,26. Marcos 14,22-25 narra a refeição eucarística. "Isto é meu corpo" precisa ser colocado em relação ao fato de ser entregue. É um momento decisivo na existência de Jesus: aquele em que ele muda o "ele me entrega" por "tomai meu corpo". O cálice que devo beber (10,39) torna-se "tomai este cálice" (14,23). Jesus inverte a fatalidade para liberdade (cf. Jo 10,38). Não há Eucaristia se a última refeição não foi feita com o traidor (segundo J. Guillet). Então Jesus pode realmente fazer dom de seu corpo e de seu sangue, porque o entrega. De outra forma, seria suicídio.

Qual sentido Jesus deu à sua morte? A análise das palavras sobre o pão e o vinho pode nos ajudar a entender a atitude de Jesus diante da morte e, correlativamente, sua intenção a respeito da refeição eucarística. Sem dúvida elas são mediatizadas para nós por uma utilização já litúrgica. Entretanto, elas permanecem ligadas ao gesto que ninguém coloca em questão. Elas explicam o sentido dos gestos que as acompanham.

O pão da partilha é o corpo, isto é, a pessoa concreta e frágil de Jesus que vai morrer. Sua vida é dada até a morte em um sacrifício existencial. Em antropologia hebraica e paulina, é uma maneira de dizer *eu mesmo*. Este sentido não é exclusivo do coração, nem da alma, nem do espírito. Ele quer dizer a pessoa sob o aspecto visível do corpo, a pessoa como elemento do mundo físico, submetida ao sofrimento e à morte, e vulnerável por suas relações. É isso que Jesus dá e que pode ser tomado, pois se pode tomar um corpo. Todavia, agindo sobre o corpo, age-se também sobre o espírito. É que, de maneira muito real, o corpo do Cristo é um corpo espiritual, obra e dom do Espírito. Dizendo: "É meu corpo", Jesus diz também: "Nisto vós recebeis meu espírito".

É meu corpo: qual a natureza da identificação colocada por Jesus entre "isto" e "meu corpo"? Mesmo se o aramaico não comporta essa junção, o grego julgou necessário colocá-la. Trata-se de um tipo de comportamento próprio dos profetas. Cf. Ezequiel, que dispersa seus cabelos ao vento: "Aquilo é Jerusalém" (Ez 5,5). Mas a palavra sozinha não compromete, não se trata de uma correspondência material imediata entre o pão e o corpo. J. Dupont, dentro do contexto das formas de pensamento de um semita e da Bíblia, considera que o sentido mais natural dessa passagem sobre o pão seria: "isto significa meu corpo", "isto representa meu corpo".[3] Isso, porém, não é suficiente; é preciso insistir sobre "a situação dialógica" da palavra inscrita entre "tomai" e o fato da resposta dos discípulos, que tomaram e comeram. "A palavra 'performativa' de Jesus encontra sua plenitude na resposta implícita dos discípulos comendo o pão oferecido".[4] É essencial, então, passar para a linguagem simbólica: mediante o significante de pão, Jesus não contempla o alimento ordinário, mas uma realidade de outra ordem, manifestada por ele: o pão da vida. O pão adquire um novo valor que provém da palavra de Jesus e do acolhimento que se lhe faz. "Para Jesus, como para o crente – dizemos em uma fórmula

---

[3] Ibid., p. 148.
[4] Ibid., p. 150.

paradoxal –, o pão eucaristizado *é* e *não é* pão; ele *é* e ele *não é* o corpo de Jesus".[5] O pão permanece pão aos olhos dos sentidos; ele só é o corpo de Cristo no movimento e na intenção segundo os quais Jesus o dá, em sua palavra performante.

A palavra sobre o cálice se inscreve no mesmo contexto que o do pão. Segundo J. Guillet, *estin* tem um sentido forte, realista e não simplesmente alegórico (simbólico no sentido forte e não "puramente simbólico"). Não é a simples lembrança do passado, como no Êxodo, nem um simples gesto profético de futuro. Não é apenas uma descrição figurativa do que será sua morte. Há coincidência entre os gestos de dar o pão e dar o corpo. O gesto é feito para comunicar aos seus o dom de seu corpo. O cálice, no sentido metafórico, é o destino ou a sorte reservada a alguém: "O cálice que vou beber" (Mc 10,38); meu sangue da Aliança derramado pela multidão: o sangue é a alma de vida, portanto, a vida. A referência cultual será o sangue derramado quando dos sacrifícios (cf. Moisés e a primeira aliança); mas há também a referência existencial: "Meu sangue derramado". A bênção de Deus sobre o vinho remete ao dom de Deus: o dom de Deus torna-se "meu sangue". A multidão é a totalidade pecadora de Israel. Não é "por vós" como em 1 Coríntios 11,24 e Lucas 22,19. Trata-se do evento definitivo. Encontramos *polloi* quatro vezes nos cânticos do Servo Sofredor (Is 52,14-15; 53,11-12; mas não a menção "sangue derramado"), o servidor que deu sua vida em sacrifício. *Polloi* equivale a "vós" (Rm 5,15.18.29). O sangue derramado é aquele da Aliança (Ex 24,8), que no Êxodo antecede uma refeição (Ex 24,20-11: eles comeram

---

[5] Ibid., p. 152.

e beberam). Na tradição judaica do tempo, o sangue da Aliança tem valor expiatório. Unem-se Páscoa e Aliança.

Todo o problema está em saber se Jesus compreendeu sua morte como morte expiatória. A fórmula sobre o cálice vai nessa direção, incontestavelmente. Para a palavra sobre o pão, pode-se interpretar o *hyper* no sentido de "em favor de *vós*", perspectiva de um dom de Amor que vai até o fim. Para o cálice, a referência expiatória é mais clara. A interpretação permanece inteira. É preciso sublinhar que não se trata de uma aspersão de sangue, mas de beber do cálice (com seu sentido simbólico, apropriar-se do destino de Jesus). Estamos ainda na perspectiva da passagem do sacrifício ritual ao sacrifício existencial.

"Para o perdão dos pecados", diz Jesus em Mateus. Em Jeremias 31,34, a Nova Aliança será o perdão dos pecados. Para Mateus, a morte de Jesus tem uma função expiatória para a remissão dos pecados. Essa expressão refere-se ao fruto da missa. A noite pascal é noite messiânica. O versículo 25 é necessário para dar sentido ao gesto precedente. Por que essa maneira de transformar os dons? Porque é a última refeição. Porque Jesus está dando sua vida. E, fazendo isso, Deus faz vir seu Reino.

"Em verdade (*amen*)" é a afirmação profética típica de Jesus. Uma certeza que é ao mesmo tempo a da morte (não mais comer) e a da ressurreição em um mundo novo, o Reino. Em Marcos, do começo ao fim, Jesus é o anunciador do Reino (1,14 a 14,25). Na perspectiva de Marcos, o gesto da Ceia é a restauração de Israel perdoado (simbolizado pelos Doze). Jesus não pode se fazer ouvir por seu povo. Ele vai alcançá-lo e perdoá-lo por sua morte. Esse Israel terá sua Páscoa e seu memorial. Significa dizer que Jesus dá à sua morte o sentido de toda sua vida. O que ele não pode obter por sua missão, é preciso sua morte para realizar. O perdão dos pecados e a refeição com os pecadores vão, enfim, acontecer. Há um intermédio, o tempo que é dado a Israel para entrar no Reino. A refeição dos pecadores (Mc 2,15-16) vai se tornar a refeição de núpcias (2,19).

d) *A tradição antioquena (Lucas e Paulo).* *"Isto é meu corpo por vós".* Segundo a maioria dos críticos, é o esquema cultual da expiação. Faz-se referência ao pano de fundo das representações sacrificiais do Antigo Testamento. Mas não esqueçamos da objeção de Xavier Léon-Dufour, que dá a *hyper* o sentido de "em favor de vós".

"Este cálice é a nova aliança no meu sangue". O que quer dizer esta fórmula curiosa? Há sempre em Marcos o laço entre aliança e sangue. Remete à profecia de Jeremias 31,31 sobre a Nova Aliança, e também à personalização do servidor de Javé, que é a aliança personificada em Jesus. A Nova Aliança vai se realizar por sua morte na cruz. Dizer "isto é meu sangue da aliança" é uma referência direta à morte de Jesus. Contudo, a Nova Aliança coloca em relevo o resultado dessa morte. O corpo entregue até o sangue será o ponto de partida do novo mundo, o Reino. Isso será visível no sangue da cruz. O sangue está bem aqui.

A diferença com Mateus e Marcos é bem clara. A fórmula é tipicamente paulina, enquanto a de Mateus e de Marcos é a simples reprodução de Êxodo 24,8, e não comporta a mesma explicitação teológica. Impossível fazer derivar Marcos de Paulo/Lucas. A "Nova Aliança" é de fato o corpo do Senhor ressuscitado. Aqui parece bem haver uma novidade com relação à comunhão de 1 Coríntios 10,16 do corpo e do sangue, que é comunhão na morte, e que é pré-paulina. A transformação paulina introduz o novo corpo do Senhor. A Nova Aliança está agora presente nesse cálice. Não é mais o acontecimento mesmo, coincidindo com a morte, mas a recepção pela comunidade da nova realidade. Marcos e Mateus não tinham a "Nova Aliança".

Voltemos ao sentido que Jesus deu à sua morte: o que quer dizer dar sua vida? O Cristo mantém sua comunhão com todos os que vão negá-lo e abandoná-lo. Isso vale a pena para ele, estar com eles além de sua morte e reencontrá-los no Reino. Ele, porém, não pode modificar a situação senão sofrendo a recusa total. Isso resolve a contradição frequentemente invocada: é impossível que Jesus tenha dado anteriormente um sentido expiatório à sua morte. Digamos que as palavras, lembradas e marcadas pela liturgia, utilizam a tradição expiatória do Antigo Testamento. Mas a coisa toma um novo sentido com o dom que Jesus faz de sua vida ao Pai e aos seus.

Os discípulos podem constatar que sua morte provoca a ressurreição de Jesus, o dom do Espírito, o perdão. Trata-se da revanche de Deus, não o anúncio e a decisão de Jesus. A Igreja nascente, antes de Marcos, conheceu e meditou a história da paixão. É a história de Jesus com seus discípulos.

Reflexão sobre as palavras da instituição

Segundo o Pe. Guillet, estamos diante da tradição antioquena e litúrgica com a transição de Jesus à Igreja. Os outros sacramentos não têm o mesmo conteúdo, essa mesma realidade. Entretanto, é importante não os separar da Eucaristia e ver neles a passagem da ação do Cristo para os gestos da Igreja. A ação do Cristo ressuscitado permanece a mesma do Cristo terrestre, mas, enquanto esta era direta, visível e imediata, recebida pelos discípulos, a do Cristo ressuscitado é invisível e supõe ministérios agindo em seu nome.

Pode-se ver, pois, no sacramento da Igreja a ação não apenas *instituinte* ("eu quis"), mas *fundadora* do Cristo ("eu dou meu corpo, meu Espírito, meu perdão..."). Na Eucaristia, o gesto fundador e o Cristo fundamento coincidem.

O que fez Jesus, o Cristo ressuscitado refez sob modo sacramental. Essa posição supõe que se possa dizer o que Jesus fez realmente e o que dizem as testemunhas, quando falam, no Novo Testamento, da fração do pão.[6]

A fração do pão em Lucas e nos Atos dos Apóstolos (Emaús)

1. *A instituição da Ceia em Lucas*. É a combinação da narrativa evangélica de Marcos e da celebração, litúrgica, memorial, de tipo paulino:

a) *A grande inversão* (Mc 14,25; Lc 22,1-17). Em Marcos, o anúncio "não beberei mais..." quer dizer "depois é minha morte, o Reino escatológico, o acontecimento decisivo": não há mais nada a dizer. De fato, parte-se para o Getsêmani. O anúncio do abandono e da negação já faz parte da paixão; o tempo entre a Ceia e o Reino é a paixão.

---

[6] Cf. PESCH, Rudolph. *Wie Jesus das Abendmahl hielt*. Freiburg: Herder, 1980, p. 78.

Em Lucas, o anúncio precede a Eucaristia. É porque a Eucaristia torna-se realidade nela mesma: não uma refeição messiânica, mas a refeição sinal. Não apenas o memorial da aliança, mas o anúncio da vinda. É o tempo da Igreja segundo Lucas, o tempo do sacramento. "Chegou a hora..." Portanto, Lucas transforma a narrativa, ele a faz uma refeição de Jesus com os seus: "Eu desejei comer a páscoa convosco" (22,15); uma refeição de adeus antes de uma experiência dolorosa, "sofrer". A pessoa de Jesus é colocada em primeiro plano, reforçada pelo discurso depois da Ceia (22,24-30), com uma insistência sobre a separação e a obra a continuar. O primeiro cálice não é a Eucaristia: é o cálice da refeição pascal tradicional, aquele da antiga aliança. É por ocasião desse cálice que Jesus pronuncia o versículo escatológico. É a refeição de adeus. Como em toda tradição evangélica, Jesus é o mestre dessa refeição solene.

Lucas sublinha a semelhança e a diferença entre esse cálice e o da Eucaristia: passagem do antigo ao novo. É o mesmo gesto de bênção ou de Eucaristia, mas há algo radicalmente novo: primeiro a palavra sobre o pão, depois a identificação de Jesus com a Nova Aliança realizada por seu sangue. Assim o "lhes" significa "vós, os discípulos", que se tornam a comunidade.

b) *A ordem de repetição*. "Fazei isso..." não é apenas uma ordem cultual do tipo do Antigo Testamento: "refaçam esse gesto" (como em Nm 15,11.12.18) ou "assim se fará" (Ex 29,35; Dt 25,9), concebidos sobre o tipo litúrgico. Há muito mais! Esse gesto de bênção sobre o pão e o vinho, que é gesto ordinário e banal, torna-se um *memorial*, como a celebração pascal, quando essa oração de mesa estabelece a comunidade messiânica.

No intervalo (entre a Ceia e a parusia), a Eucaristia representa uma realidade consistente. Ela é o corpo dado por vós. Um dom recebido, tido entre as mãos. O gesto de Marcos "tomai" tinha já um sentido muito particular. "Tomai o que é outra coisa que um simples alimento, sinal exterior de meu dom. Tomai o que vos dou, sou eu entregue."

Lucas insiste sobre a realidade presente do dom recebido, que se pode precisamente receber de novo cada vez que se refaz o gesto, enquanto o Senhor não vem. Estamos em uma nova economia, um *novo regime*. Aqui a palavra "sacramento" toma toda sua consistência contínua. Há uma comunidade que vive permanentemente dessa refeição. Mesma perspectiva em João: discurso sobre o futuro, o que Xavier Léon-Dufour chama de "tradição testamentária". Poderíamos ser tentados a minimizar Lucas, esse "pré-católico", já com uma Igreja instalada, ritos instituídos, apóstolos em função (cf. At), atribuindo essa estabilidade à decepção causada pela demora da parusia..., e a deixar Lucas para a escatologia existencial. *Sim, mas*:

Sim: é preciso reconhecer que Lucas supõe um horizonte diferente de Marcos, a consistência do tempo que vai de Jesus à parusia. O sinal é a história mesmo dos apóstolos, que possui um valor próprio. Ela é um modelo para a Igreja através dos séculos. A parusia pode demorar.

Mas: é rápido demais atribuir a Lucas uma origem em uma decepção, em uma fixação sobre o provisório. Na realidade, a visão lucana da Eucaristia é a de uma presença na Igreja do Cristo ressuscitado. Há um tempo da Igreja: é o tempo da presença do Senhor no mundo; é o tempo do Espírito.

Isso é confirmado pela relação de Jesus com os seus depois da ressurreição em Lucas 24, com a importância das refeições (Emaús, Jerusalém, 24,42; Lc 1,4; 10,41). É uma maneira de Jesus se fazer reconhecer: 24,31, com um gesto típico e revelador, faz descobrir que o Ressuscitado é o mesmo, não mudou interiormente, e está próximo dos seus; criando uma nova relação, mas prolongando a antiga e dando-lhe todo valor. Não mais a refeição pascal, mas a refeição cotidiana.

2. *Emaús e a Eucaristia* (Lc 24,13-35). Notemos o lugar das refeições depois da ressurreição. Refeições onde Jesus reencontra os seus, são uma maneira de Eucaristia. Ainda que a Eucaristia seja imediatamente o memorial da Ceia, é verdade que há uma relação entre a Eucaristia e as refeições do Ressuscitado. Inicialmente é a retomada da vida comum sob outra forma. A fé pascal reúne a comunidade para além da morte.

É preciso dizer a Eucaristia de Emaús? Em certo sentido, sim, com a condição de ali colocar o todo: a palavra e a referência à paixão. Há uma continuidade entre a multiplicação dos pães (9,16), a Ceia 22,17-18 (*Eucharistein*) e 24,30, isto é, Emaús.

O caso de Emaús é o mais típico, pois sua relação com a Ceia é manifesta. A "fração do pão" é uma expressão técnica em Lucas para dizer Eucaristia. Emaús é um gesto litúrgico que anuncia ou lembra o gesto litúrgico da Igreja nascente: At 2,42.46; 20,7.11; 27,35; 1Cor 10,16; 11,24. Os gestos de Jesus descritos por Lucas são os mesmos da Ceia (Lc 22,19). A palavra *eucharistèsas* é substituída por *eulogèsas* de 24,30, como na multiplicação dos pães (9,16 – *eulogèsen*).

É preciso ver então, em Emaús, a Eucaristia propriamente dita, repetição da Ceia, tal como Jesus a prescreveu aos seus? Não parece. Pode-se dar uma razão de ordem exegética: Jesus não diz aos seus para renovar as refeições que toma com eles uma vez ressuscitado, mas a refeição da Ceia. Atrás desse lembrete de exegese, há uma razão mais teológica. Jesus ainda pode, ele mesmo, repetir os gestos da Ceia? Esse gesto é o do sacrifício da vítima que se entrega. Ora, esse gesto foi concluído com sua morte, mas concluído uma vez por todas. Jesus não tem de refazê-lo, não pode refazê-lo. Ele morre apenas uma vez. Fazer de Emaús uma verdadeira Eucaristia, idêntica à Ceia, talvez seja reduzir a Eucaristia à simples distribuição da vítima imolada e fazer-lhe perder seu valor de sacrifício.

Se o próprio Jesus não repete a Ceia de maneira direta, há alguém que a repete, e é a Igreja. Porque a Igreja precisa sempre receber e unir ao sacrifício do Senhor sua própria oferenda, fazendo do sacrifício do Senhor o próprio sacrifício.

Isso não suprime toda a relação entre Emaús e a Eucaristia, pois Emaús é a relação da Eucaristia com a ressurreição. Emaús acontece para provar aos discípulos que a Ceia tinha efetivamente o valor de um sacrifício definitivo e redentor. A fração do pão em Emaús mostra que Jesus, entregando-se, concluiu a obra de Deus, pois ei-lo novamente com seu corpo, suas chagas, os estigmas de sua paixão, mas transfigurado por Deus. Emaús prova que a Ceia e a paixão eram verdadeiramente um sacrifício, um gesto sagrado, um gesto de Deus, e que esse gesto foi *recebido* por Deus, é eficaz, e os pecados estão perdoados.

Emaús é o complemento indispensável da Ceia, indispensável para nós; não que falte algo à Ceia, mas Emaús é o sinal que a paixão nos salvou e, portanto, podemos renovar a Ceia. A Eucaristia não comemora Emaús, mas a Ceia, e é a Ceia que deve fixar nossa atenção. Todavia, Emaús nos diz que, nos ligando à Ceia, revivendo o sacrifício do Senhor, nós o encontramos como ele é, hoje, ressuscitado.

O que se passa em Emaús é o retorno ao passado e sua confirmação; traço essencial do tempo da ressurreição. Nota-se o cuidado de se referir aos anúncios da paixão, às pregações anteriores. Esse cuidado de colocar a ressurreição sobre o passado se manifesta também na maneira pela qual Jesus conduz os seus aos episódios e às lembranças da vida que viveu antes com eles. As refeições lembram as refeições anteriores. O envio na Galileia conduz aos dias de entusiasmo, ao fervor das multidões; a pesca milagrosa evoca o milagre dos primeiros dias e a vocação de Pedro (Lc 5,4-11).

3. *O envio em missão.* O elemento verdadeiramente novo que comporta o tempo das aparições é o envio em missão, e também os sacramentos. É depois da ressurreição que é dada a ordem de ir batizar, de poder perdoar os pecados. A Eucaristia data a Ceia, mas o sacrifício não é visivelmente realizado e, portanto, não é realizado pela Igreja senão a partir da Ressurreição e do sinal de Emaús. Coincidências que não têm nada de estranho. Os sacramentos só existem a partir da redenção. Tanto que Jesus não recebeu seu batismo, recebeu o de João, batismo com água. Os sacramentos são o dom vivo das palavras e dos gestos que Jesus realizava em sua vida mortal, mas que eram apenas palavras de um indivíduo, limitado a uma região humana de ação e de influência, que não estava ainda plenamente em posse do Espírito para todo homem. Agora que ele é livre dos limites que prendiam seu corpo, agora que

seu corpo é capaz de alcançar toda criatura, a missão é possível, e a Igreja pode se colocar a caminho.

4. *A fração do pão em Atos.* Para a expressão "fração do pão", Lucas emprega o substantivo (Lc 24,35; At 2,42). Ele usa também o verbo "partir do pão" (Lc 4,30 etc.). Para Jeremias e Menoud, é um código utilizado pelos cristãos para designar a Eucaristia, realidade cristã, pois partir o pão, para os judeus, é apenas o rito inicial da refeição. Será preciso ver aí uma primeira manifestação de segredo? Mas a crueza da linguagem evangélica e joanina torna difícil a existência de um segredo nessa época. A palavra faz parte do vocabulário tipicamente cristão. Menoud pensa que as mesas (*trapezai*) de Atos 6,2 e 16,4 são também um código para dizer "Eucaristia". É pouco provável, mas significativo que na origem o serviço da palavra terminava com a fração do pão e o serviço aos pobres.

a) *Fração do pão e ágape.* A fração do pão parece bem designar a Eucaristia, distinguindo da ágape. Isso se conclui do versículo 2,46, onde se diferencia: eles partiram o pão em suas casas e "tomavam alimento com alegria e simplicidade de coração", isto é, as ágapes. Assim, "Paulo tendo partido o pão e comido" falou até o amanhecer. Isso se conclui também do fato de que a palavra "pão" não é nunca empregada em outro lugar, senão ligada à fração.

b) *O desenrolar litúrgico* (2,42-47). O versículo 2,42 parece descrever o desenrolar da liturgia. É a opinião de Jeremias. O termo *assidus* é raro: ele tem o sentido de "visitar regularmente"[7] um lugar sagrado, em particular a sinagoga. A sucessão das indicações

---

[7] *La Dernière Cène*, p. 134-138.

responde à sucessão dos momentos nas liturgias eucarísticas antigas: o ensinamento dos apóstolos; a comunidade de mesa; a ágape; a fração do pão; e as orações.

A *koinônia* não designa apenas a coleta (At 6,1), mas a comunidade de mesa. É também uma comunicação dos bens caracteristicamente[8] públicos. O versículo 2,42 descreve o conjunto da *koinônia*: "Cada dia eles frequentavam juntos fielmente o Templo. Partiam o pão nas casas e tomavam o alimento na alegria e na simplicidade".

Aqui ainda temos a distinção entre "partir o pão" e "tomar o alimento".

A ordem parece invertida no versículo 47: "Louvando a Deus e tendo uma acolhida favorável junto ao povo". Mais que a sequência da assembleia litúrgica, é preciso ver aqui os sinais exteriores essenciais e, em particular, o que vivem, de certa maneira, juntos e publicamente, ainda que nas casas.

O serviço das mesas (At 6,2): Menoud e mais discretamente a TEB (nota 0) sugerem que, com as mesas, se trata, em verdade, da Eucaristia. Mas o *diakonein trapezais* não evoca certamente o ministério eucarístico (há sem dúvida nessa preferência dada à palavra sobre a Eucaristia o fundamento do pensamento protestante). O serviço de juntar as provisões e distribuí-las é que é difícil. Se os apóstolos se consagram ao serviço da palavra e das orações, eles o fazem da mesma maneira à palavra eucarística, que é uma palavra do Senhor; não se deve concluir daí que os Doze

---

[8] Cf. DUPONT, J. *NRT* 91, 1969, p. 897-915.

possuem o monopólio da Eucaristia, mas sim que não se pode separar palavra e sacramento.

A Eucaristia em Trôade (At 20,7-11)

A assembleia tem lugar no primeiro dia da semana e à noite. Não se reúnem por Paulo, mas para a fração do pão. Esse é o centro da reunião. A fração é precedida por uma *didaqué* (e seguida igualmente, o que se pode ver a partir dos versículos 11-12). Há, em conjunto, fração do pão e ato de comer como em Atos 2,46, mas aqui a fração precede. Por outro lado, é pouco provável que se espere para comer no final do encontro. Teria havido, então, uma refeição. Parece que a relação refeição/fração do pão não está ainda totalmente fixada. A carta de Plínio, o Jovem (111-113), a Trajano, relativa aos cristãos da Bitínia, diz que eles se reuniam antes do amanhecer para um *sacramentum*.[9]

O fruto da Eucaristia, no versículo 10: Eutiques, o menino que caiu da janela, está vivo. Temos em Trôade um exemplo dos efeitos que, segundo Paulo, são os da Eucaristia tomada dignamente. Um pouco mais adiante, no versículo 36, nos é dito que todos então, retomando a coragem, se puseram a tomar o alimento. Não é assembleia eucarística, porém, uma conotação eucarística nesse gesto feito pelos assistentes. É possível que Lucas queira colocar em relação a salvação dos passageiros com a Eucaristia da qual Paulo é portador. É um sinal profético do que será em Roma a presença, com Paulo, da palavra e da Eucaristia.

---

[9] MENOUD, p. 72.

Conclusões sobre os textos de Atos

É preciso guardar a distinção muito clara, em Atos e em Paulo, entre ágape e Eucaristia. Contudo, há também um elo entre ambos: não há exemplos de Eucaristia sem ágape, mas o inverso não é verdadeiro.

Isso significa que não se pode celebrar a Eucaristia entre pagãos e judeu-cristãos, a não ser que haja a possibilidade de uma ágape de refeição comum entre eles. Isso é um problema. Os judeu-cristãos podem aceitar – concessão enorme, pois ela põe fim ao privilégio dos judeus – que seja batizado quem não é circuncidado. Não se pode, porém, pedir aos judeus que se tornem pagãos. Será preciso, então, que os pagãos cristãos aceitem, quando se encontram com judeu-cristãos, se submeter a seu regime alimentar. Encontram-se aí os limites das proibições de tipo ritual destinadas a assegurar a pureza dessas refeições comuns.[10]

Isso pode parecer desvios de detalhes. De fato, trata-se do essencial que constituía para a Igreja judeu-cristã uma abertura fundamental. O rigor da lei de separação mostra a importância da comensalidade. A razão dessa comensalidade vem da necessidade de uma Eucaristia comum. Percebe-se desenhar nesse processo concreto o que será para Paulo uma das exigências fundamentais da Eucaristia, a unidade: "Vós não podeis juntos partir o pão se não sois capazes de comer juntos", dirá Paulo aos Coríntios. A razão é que há um só pão e, portanto, vós não sois senão um único corpo.

---

[10] Cf. TEB, nota t, em At 15,20.

Referências bibliográficas

BOUYER, Louis. *Eucharistie, théologie et spiritualité de la prière eucharistique*. Paris: Desclée de Brouwer, 1966.

BROUARD, M. (dir.). Eucharistia. *Encyclopédie de l'Eucharistie, Unam Sanctam 39*, Paris: Éditions du Cerf, 2002.

CABIE, Robert. *Histoire de la messe des origines à nos jours*. Paris: Desclée de Brouwer, 1990.

CONGAR, Yves; DUPUY, Bernard (dir.). *Eucharistia*: Encyclopédie de l'Eucharistie. Paris: Éditions du Cerf, 2002.

LEÓN-DUFOUR, Xavier. *Le partage du pain Eucharistique selon le Nouveau Testament*. Paris: Éditions du Cerf, 1972.

THURIAN, Max. *L'Eucharistie*: mémorial du Seigneur, sacrifice d'action de grâce et d'intercession. Paris: Éditions du Cerf, 1964.

TILLARD, Jean-Marie. *L'Eucharistie*: Pâque de l'Église. Paris: Éditions du Cerf, 1964.